Daniel Wiechmann

OUTDOOR
MIKRO
ABENTEUER
Hamburg

Daniel Wiechmann

OUTDOOR
MIKRO
ABENTEUER
Hamburg

Mit dem Rad 🚲

Zu Fuß 🚶

Auf dem Wasser 〰

Mit der Familie 👪

riva

Bibliografische Information der Deutschen Nationalbibliothek
Die Deutsche Nationalbibliothek verzeichnet diese Publikation in der Deutschen
Nationalbibliografie; detaillierte bibliografische Daten sind im Internet über
http://d-nb.de abrufbar.

Für Fragen und Anregungen:
info@rivaverlag.de

Originalausgabe
2. Auflage 2020
© 2019 by riva Verlag, ein Imprint der Münchner Verlagsgruppe GmbH
Nymphenburger Straße 86
D-80636 München
Tel.: 089 651285-0
Fax: 089 652096

Redaktion: Sebastian Brück
Umschlaggestaltung: Manuela Amode, München
Umschlagabbildung: shutterstock/Lina Zavgorodnia
Layout: Manuela Amode, München
Satz: Satzwerk Huber, Germering
Druck: Florjančič Tisk d.o.o., Slowenien
Printed in the EU

ISBN Print 978-3-7423-0865-8
ISBN E-Book (PDF) 978-3-7453-0511-1
ISBN E-Book (EPUB, Mobi) 978-3-7453-0512-8

Weitere Informationen zum Verlag finden Sie unter

www.rivaverlag.de
Beachten Sie auch unsere weiteren Verlage unter www.m-vg.de

Inhalt

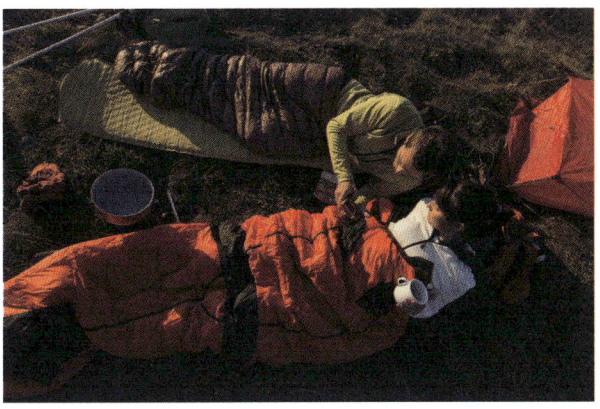

Frische Ideen
für dein nächstes Mikroabenteuer

Mikroabenteuer zu Fuß

Mikroabenteuer mit dem Rad   121

Mikroabenteuer auf und im Wasser 147

Mikroabenteuer mit der Familie   163

»Wer über die Türschwelle gekommen ist,
hat die Reise halb getan.«
Dänisches Sprichwort

Einführung

Kleine Abenteuer direkt vor deiner Haustür

Wenn eines Tages deine Reise durch das Leben zu Ende ist, dann wirst du dich garantiert nicht an die Tage erinnern, an denen du früh ins Bett gegangen bist, um am nächsten Tag fit für die Arbeit zu sein. Du wirst dich vielmehr an die Tage erinnern, an denen etwas Außergewöhnliches und Unvorhergesehenes geschehen ist. An Tage, an denen du dich vielleicht ein bisschen quälen musstest und an denen du Ängste überwunden hast. Du wirst dich an die Tage erinnern, an denen du über dich hinausgewachsen bist und zur Belohnung von einem perfekten Moment überrascht wurdest. Kurzum: Du wirst dich an die Tage erinnern, an denen du ein Abenteuer erlebt hast.

Die erste Nacht unter freiem Himmel – nur mit Isomatte und Schlafsack ausgerüstet – vergisst man zum Beispiel nie. Sie ist ein Kampf gegen das eigene Unbehagen. Wie ein schweres Gewicht liegt einem die Unsicherheit auf der Brust und scheint einem den Atem zu nehmen. Egal, wo man diese Nacht verbringt – ob auf einer Waldlichtung im Sachsenwald, am Elbstrand des Falkensteiner Ufers oder in der Segeberger Heide –, alles in einem schreit, dass man dort nicht hingehöre (und stattdessen zu Hause in seinem warmen Bett liegen könne!). Aber warum eigentlich gehören wir in der Nacht nicht nach draußen? Es ist doch dieselbe Natur, dieselbe Welt, in der wir uns tagsüber vollkommen mühelos und ohne jede Angst bewegen. Warum fühlt sich das alles nach Sonnenuntergang plötzlich so anders an? Woher kommt das mulmige Gefühl im Magen? Das ängstliche Hineinhorchen in die Dunkelheit? Warum hört sich jedes Geräusch wie eine potenzielle Gefahr an?

In dieser ersten Nacht unter freiem Himmel lernt man eine ganze Menge. Über sich selbst, über die Natur, aber vor allem über das Leben. Nicht umsonst gilt die Übernachtung draußen ohne Zelt als Königsdisziplin der Mikroabenteuer-Bewegung. Ins Leben gerufen wurde diese Bewegung durch den britischen Abenteurer Alastair Humphreys. Humphreys ist bereits um die Welt geradelt, über den Atlantik gerudert und durch die Sahara gerannt. Doch dann begann er eines Tages, das Abenteuer direkt vor seiner Haustür zu suchen. Damit trat er den Beweis an, dass für aufregende Erlebnisse weder eine lange Planung noch Unmengen an Ausrüstung oder viel Geld nötig sind. Humphreys wanderte an einer Autobahn entlang, übernachtete auf einem

Kleine Fluchten vor dem Alltag

Einfach vor der Haustür starten ...

Hügel vor den Toren Londons oder ließ sich in einem Traktorschlauch auf einem Fluss treiben ... »5-to-9-Adventures« nennt Humphreys seine Mikroabenteuer und spielt damit auf die Zeit an, die jeder von uns selbst an einem 9-to-5-Tag im Büro zur freien Verfügung hat. In der Zeit vor und nach der Arbeit gehört einem die Welt. Man kann sie auf dem Sofa mit dem Smartphone oder mit der gerade angesagten Netflix-Serie verbringen. Oder aber man geht in dieser Zeit raus und sucht nach einem Abenteuer, an das man sich für den Rest seines Lebens erinnert.

Dieses Abenteuer kann ein besonderer Ort sein, wie die Dünen in der Boberger Niederung. Es kann aber auch »nur« ein besonderer Moment sein wie der beinahe magische Sonnenuntergang am Totengrund in der Lüneburger Heide oder der Sonnenaufgang auf der

Dachterasse des Dockland-Gebäudes. Bei einigen Mikroabenteuern, wie etwa der Wanderung mit einem Esel oder der Kräutersammel-Tour, um einen Tee zu kochen, kannst du dir ruhig auch ein bisschen Hilfe von Profis holen. Um ein Mikroabenteuer zu erleben, ist es nicht einmal zwingend notwendig, die Nacht draußen zu verbringen. Es gibt für die kleinen Abenteuer zwischendurch keine festen Regeln. Lediglich ein paar Grundsätze, auf die wir später noch ein wenig ausführlicher eingehen werden. Deiner Fantasie und Kreativität sind in Sachen Mikroabenteuer keine Grenzen gesetzt. Ganz bewusst versammelt dieses Buch daher auch Ideen und Inspirationen für Mikroabenteuer, die du unmittelbar in der Stadt erleben kannst. Im Grunde genommen könntest du, um gleich jetzt ein Abenteuer zu erleben, dieses Buch einfach aus der Hand legen, dir ein paar

... und fahren, bis die Kräfte schwinden.

Schuhe anziehen, vor die Tür gehen und loslaufen. Unter einer Bedingung: Lass einen Würfel entscheiden, in welche Richtung es geht. Würfelst du eine 1 oder eine 6, geht es geradeaus. Bei einer 2 oder 5 geht es nach links. Bei einer 3 oder 4 biegst du dagegen nach rechts ab. Ich wette, du wirst in zwei oder drei Stunden auf einem Platz in Hamburg stehen, an dem du noch nie zuvor gewesen bist. Und genau das zeichnet große wie kleine Abenteuer schließlich aus: der Kontrollverlust. Es geht bei Mikroabenteuern vor allem um die Lust, Neues zu entdecken und zu erleben.

Damit das gelingt, muss man nicht einmal besonders sportlich sein. Klar, die Überquerung eines Sees, lange Märsche über 50 Kilometer oder Radtouren jenseits der 150-Kilometer-Marke sind eine echte körperliche Herausforderung und ein Abenteuer zugleich. Aber um ein erholsames Wochenende auf der Elbinsel Lühesand zu verbringen oder barfuß durch die Fischbeker Heide zu spazieren, musst du keine körperlichen Höchstleistungen vollbringen und kommst dennoch in den Genuss eines besonderen Augenblicks.

Du musst dich einfach nur auf den Weg machen.

Die spannendsten Mikroabenteuer erlebst du ohnehin dann, wenn du dich selbst zum Müßiggang verpflichtest. Für Stunden nichts zu tun, sondern einfach nur in den Himmel oder auf einen See oder Fluss zu blicken und die Gedanken treiben zu lassen, fällt den meisten von uns heutzutage sehr viel schwerer als eine ebenso lange Kanu- oder Biketour. Doch genau diese Auszeiten, diese Momente ohne jede Verpflichtung machen Mikroabenteuer so wertvoll. Ganz egal, ob sie nun sechs, zwölf oder 48 Stunden dauern. Die Zeit, die du nur mit dir selbst oder vielleicht mit ein, zwei guten Freunden oder deiner Familie verbringst, hilft dir wirklich abzuschalten und den Kopf wieder freizubekommen.

Also, bist du bereit für dein nächstes kleines großes Abenteuer?

»Der Ursprung des Daseins
ist die Bewegung.«
Ibn Arabi

Alles, was du über Mikroabenteuer wissen musst

Die wichtigsten Grundsätze

Eine Stadt wie Hamburg ist wie gemacht für Mikroabenteuer. Die SUP-Invasion (SUP = Stand-up-Padd-
ling) auf der Elbe sowie auf der Außen- und Binnenals-
ter ist der beste Beweis dafür. Die meisten Abenteuer in
und um Hamburg finden am oder im Wasser statt. Eine
Biketour zur Elbmündung oder an die Ostsee ist in ein
paar Stunden zu schaffen. Im Süden der Stadt warten
fantastische Heidelandschaften darauf, zu Fuß oder mit
dem Rad entdeckt zu werden. Von den meisten noch
weitgehend unentdeckt sind die ursprünglichen Ziele in
Mecklenburg-Vorpommern: etwa der Gespensterwald
in Nienhagen, in dem bei einer Übernachtung abenteu-
erliches Kopfkino garantiert ist. Oder der wilde Rosenhagener Strand bei Travemünde, den man in nur fünf
Stunden mit dem Fahrrad erreichen kann. In Hamburg
warten die kleinen großen Abenteuer tatsächlich direkt

Raus aus der Komfortzone. Gern auch mit der Bahn.

vor der Haustür. Doch was machen wir? Die meiste Zeit über bewegen wir uns lieber in einer Komfortzone. Bewegen? Nein, dieser Begriff führt in die Irre, denn die Komfortzone, die uns umgibt, ist so eingerichtet, dass wir uns kaum noch bewegen müssen. Zumindest nicht körperlich. Die meisten Tätigkeiten im Job oder im Alltag können wir heutzutage ohne Probleme sitzend (vor dem Bildschirm im Büro) oder liegend (vor dem Bildschirm auf dem Sofa) erledigen. Das Einzige, was sich in dieser Komfortzone noch regelmäßig bewegt, sind unsere Finger und unser Kopf, wenn wir Webseiten oder Mediatheken durchforsten, um unseren Informations- und Unterhaltungshunger zu stillen. Das soll nicht abwertend klingen. Computer und das Informationszeitalter bestimmen nun einmal einen Großteil unseres Lebens und unserer Arbeit. Und das ist auch gut so, denn der technische und gesellschaftliche Fortschritt, der dadurch ermöglicht wird, hilft am Ende allen weiter.

Fakt ist aber auch, dass wir für unseren Büro-Lifestyle einen sehr hohen Preis bezahlen. Der Alltag der meisten von uns ist überladen mit ständig neuen Aufgaben und Herausforderungen im Job. Unsere Arbeitswelt wird immer komplexer und anspruchsvoller. Je abwechslungsreicher und komplizierter die eigene Arbeit ist, desto größer wird am Feierabend die Sehnsucht nach Ruhe, Entspannung und Müßiggang. Das ist absolut verständlich, denn wer tagsüber bereits ständig gefordert ist und für seine Arbeit brennt, der will sich nach den acht, neun oder gar zehn Stunden im Büro nicht auch noch vor lauter Terminen und Verpflichtungen im Freizeitstress verlieren. Wer sogar bereits Familie hat und der Dreifachbelastung Job/Kinder/Haushalt ausgesetzt ist, für den ist die Verlockung besonders groß, am

Abend einfach nur nichts zu tun. Sport? Ja, müsste man eigentlich mal wieder machen, denn es tut einem ja gut. Aber dafür ist einfach keine Zeit. Am Abend noch für zwei Stunden spazieren gehen? Wäre schön, aber es fehlen einem die Kraft und die Lust.

Willkommen im Teufelskreis der Moderne.

Denn die Müdigkeit, die viele von uns befällt, rührt eben leider genau daher, dass die meisten den Kopf gar nicht mehr freibekommen. Die Dauerverfügbarkeit per Mail oder Telefon und die Möglichkeit, nicht nur im Büro, sondern auch zu Hause am Rechner noch schnell »ein bisschen« Arbeit zu erledigen, führen dazu, dass wir oft gar nicht mehr richtig abschalten können. Wir hören einfach nie auf zu arbeiten. Zum dauerhaften Datenbombardement gesellen sich auch noch die körperlichen Folgen des Bewegungsmangels, unter dem die meisten von uns leiden. Ein typischer Büroangestellter legt an einem Arbeitstag gerade einmal 2100 Meter zurück. Das sind nur 30 Prozent der empfohlenen Bewegung von etwa 7 Kilometern, die man mit den berühmten 10 000 Schritten am Tag erreicht. Logisch, dass jemand, der sich dauerhaft zu wenig bewegt, mit der Zeit an Kraft und Energie verliert und gar nicht mehr anders kann, als seine Abende auf dem Sofa zu verbringen.

Damit wir uns richtig verstehen: Es ist nichts falsch daran, dass man sich in seinem Job anstrengt und ehrgeizig ist. Um glücklich zu sein, braucht jeder Mensch in seinem Leben konkrete Ziele. Dazu gehören Karriereziele genauso wie Ziele im Privatleben. Zum Problem wird das berufliche Engagement jedoch immer dann, wenn man beginnt, nur noch für den Job zu funktionieren. Genau dort setzen die Mikroabenteuer an. Sie führen dich heraus aus der Komfortzone und zwingen dich, dich sowohl körperlich als auch geistig vollkommen anders zu fordern, als du es sonst in deinem Arbeitsalltag und in deiner Freizeit gewohnt bist. Mikroabenteuer helfen dir, deine Routinen aufzubrechen und dich selbst neu kennenzulernen. Damit dir das gelingt, solltest du dir immer wieder die folgenden Grundsätze vor Augen führen.

1. Die Zeit, in der du nicht arbeitest, gehört dir. Du kannst in dieser Zeit tun und lassen, was du willst.

2. Plane mindestens drei und maximal 72 Stunden (also zum Beispiel Freitagnachmittag bis Sonntagabend) für dein Mikroabenteuer ein. In diesem Guide sind die meisten Abenteuer auf maximal 48 Stunden angelegt.

3. Trau dich, wann immer es dir möglich ist, etwas Neues auszuprobieren. Am besten etwas, das du noch nie zuvor gemacht hast. (Oder vor dem du sogar ein bisschen Angst hast.)

4. Plane nicht zu viel. (Und wenn du doch einen Plan gemacht hast: Sei stets bereit, deinen Plan über den Haufen zu werfen!)

5. Kein Auto. (Fahrrad, öffentliche Verkehrsmittel und Trampen sind okay.)

6. Reise mit so leichtem Gepäck wie möglich.

7. Je größer die Gruppe, desto weniger Abenteuer. (Dazu später noch mehr!)

8. Wann immer es dir möglich ist, die Nacht draußen zu verbringen, tu es!

Warum du viel öfter unter freiem Himmel kampieren solltest

In der Nacht ist ein Hase so laut wie ein Wildschwein. Das glaubt man zumindest, bis man das erste Mal den Schrei eines Wildschweins in freier Natur gehört hat. Das hohe hektische Quieken, das man nur aus TV-Dokumentationen über die Massentierhaltung kennt, wenn es dort ans Schlachten geht, geht einem durch Mark und Bein. Wildschweine können nämlich auch dann, wenn sie nicht geschlachtet werden, unheimlich laut sein. Aber es stimmt auch, dass selbst ein kleiner harmloser Hase, der in der Nacht auf Futtersuche unterwegs ist, einem bei einer Übernachtung im Wald locker den Schlaf rauben kann. Die plötzlich vollkommen veränderte Geräuschkulisse gehört zu den fundamentalsten Erfahrungen, die man in einer Nacht draußen macht. Es scheint, als würde die Dunkelheit alle Geräusche um einen herum wie ein Megafon verstärken. Selbst das Rauschen der Blätter hoch oben in den Baumkronen kommt einem plötzlich ein bisschen unheimlich vor.

Bei den meisten dürfte der Gedanke, eine Nacht im Freien zu verbringen, eine Abwehrhaltung hervorrufen. Mir ging es und geht es manchmal noch immer genauso. Außer im Hochsommer, wenn sich in der Stadt nach ein paar warmen Tagen am Stück die Hitze unerträglich staut, gibt es ja auch keinen vernünftigen Grund dafür, sein Nachtlager unter freiem Himmel aufzuschlagen. Im Gegenteil: Es gibt sehr viel mehr Gründe, die dagegen sprechen, draußen zu nächtigen. Da wäre die bereits erwähnte Möglichkeit, wilden Tieren zu begegnen. (Wir werden noch darauf eingehen, wie man sich bei einem solchen Rendezvous am besten verhält.) Dann ist da auch noch der fehlende Komfort, der oft genug dazu führt, dass man selbst dann nicht schlafen kann, wenn man keine Angst vor der Übernachtung draußen hat. Merk dir: Man schläft im Wald, im Park, am Fluss oder auf einer Bank nicht wirklich besser. Jedem, der erzählt, dass er nach Feierabend schnell in die nächste Bahn gestiegen sei, sich ein schönes Plätzchen in der freien Natur gesucht, dort fantastisch zu Abend gekocht und gegessen und anschließend bewacht von Milliarden Sternen einfach himmlisch geschlafen habe, sodass er am nächsten Morgen wieder vollkommen erfrischt im Büro aufgeschlagen sei, ist nicht zu trauen.

Die Abneigung gegen das Schlafen im Freien hat aber auch soziale Gründe. Draußen schlafen müssen vor allem Obdachlose oder in Not geratene Menschen. Im Hinterkopf vieler dürfte deshalb der Gedanke wohnen, es sei makaber, sich einen Spaß daraus zu machen, drau-

Im Freien schlafen holt die Natur ins eigene Ich zurück.

ßen zu übernachten. Sosehr ich diese Bedenken nachvollziehen kann, finde ich dennoch, dass das eine nichts mit dem anderen zu tun hat. Man schläft ja nicht im Freien, um zu beweisen, dass kein Dach über dem Kopf zu haben nicht schlimm sei. Im Gegenteil, wer sich an die Übernachtung draußen wagt, wird ganz schnell feststellen, dass das Schlafen unter freiem Himmel jedes Mal aufs Neue ein wenig angsteinflößend und nicht unbedingt bequem ist. Und dass es sich dennoch lohnt.

Immer!

Es dehnt die Zeit, von der wir stets glauben, wir hätten viel zu wenig davon. Es holt einen vollkommen raus aus der Welt, die einen sonst umgibt. Und es lässt einen spüren, wie oft wir uns mittlerweile in digitalen statt

Isomatte und Schlafsack – viel mehr braucht der Mikroabenteurer nicht.

in echten Welten aufhalten. Mir persönlich haben die Nächte unter freiem Himmel erst wirklich klargemacht, wie sehr wir uns mit unserem Leben von der Natur entfernt haben. Während man sich tagsüber zu Fuß oder auf dem Fahrrad vollkommen unbehelligt draußen bewegt, wird einem in der Nacht erst so richtig bewusst, dass wir uns dieses Draußen mit ziemlich vielen anderen Lebewesen teilen: mit Hasen, Eichhörnchen, Vögeln, Wildkaninchen, Rehen, Dachsen, Wildschweinen oder Füchsen. Die Natur gehört uns nicht. Und so fremd man sich die ersten Male in der Nacht draußen auch fühlt, weicht mit der Zeit dieses Fremdsein der Erfahrung, als Mensch wieder ein echter Teil der Natur zu sein. Das klingt pathetisch, fühlt sich aber einfach gut an und euphorisiert einen. Und diese Euphorie trägt einen dann durch den nächsten Tag, egal, wie gut und wie lang man nun geschlafen hat. Es spricht auch nichts dagegen, die Nacht ganz durchzumachen. Vor allem am Wochenende kann man den verlorenen Schlaf ohne Probleme tagsüber nachholen.

Doch nicht nur die Natur erlebt man nach Einbruch der Dunkelheit ganz anders. Auch die Stadt entdeckt man vollkommen neu, wenn man sich nachts auf den Weg macht. Es ist immer wieder erstaunlich und gleichsam erhebend zu entdecken, wie viel Platz man als Fußgänger hat, sobald man nicht mehr gezwungen ist, auf einem Gehsteig zu laufen. Um drei oder vier Uhr morgens auf einer autofreien Straße durch die Stadt zu spazieren, ist ein wunderbares, befreiendes Gefühl. Auch die Übernachtung auf dem Dach eines Hauses oder am Falkensteiner Ufer sorgt für einen vollkommen neuen Blick auf die Stadt. Doch Schluss mit den seelischen Befindlichkeiten. Kommen wir endlich zum praktischen Teil.

**Was du auf Mikroabenteuern tun darfst –
und was nicht**

Wer die Nacht draußen verbringen will, hat zwei Möglichkeiten:

1. Biwakieren
2. Zelten

Was unterscheidet beides voneinander? Beim Biwakieren führt man lediglich Schlafsack, Isomatte und je
nach Witterung einen Biwaksack mit sich und schläft
tatsächlich unter freiem Himmel. Besser und unkom-
plizierter geht es nicht. Denn: In Deutschland ist das
wilde Zelten nicht gestattet – das Biwakieren jedoch
schon.

Unauffällig:
Biwak am
Strand

Als Biwakieren wird im Allgemeinen die Übernachtung in einer notdürftigen Unterkunft angesehen, um die körperliche Fitness wiederherzustellen. Wer beispielsweise den ganzen Tag und die halbe Nacht gelaufen oder mit dem Fahrrad unterwegs gewesen ist und keine Kraft mehr hat, weiterzugehen oder -zufahren, der darf sich in einem Biwak erholen, um später seinen Weg fortzusetzen. Dieses Biwak darf man überall dort aufschlagen, wo ein freies Betretungsrecht besteht. Das ist im Wald und in der freien Natur der Fall. Ausgewiesene Naturschutzgebiete sind jedoch grundsätzlich tabu. Ausnahmen entstehen lediglich durch tatsächliche Notlagen, zum Beispiel durch Gewitter oder Sturm. Oder aber man holt sich bei der Verwaltung des Schutzgebietes eine Erlaubnis ein. Auch das ist möglich. Wer auf privatem Grund biwakieren möchte, braucht dazu immer die Einwilligung des Grundeigentümers. In der Regel sollte man sich nicht länger als zehn Stunden in einem Biwak aufhalten. Zwei Nächte an ein und demselben Platz zu verbringen, kommt also nicht infrage. So weit, so gut.

Doch kommen wir noch einmal auf den Begriff der notdürftigen Unterkunft zurück. Was genau das ist, daran scheiden sich nämlich die Geister. Zählt ein kleines 1- oder 2-Personen-Zelt noch als notdürftige Unterkunft? Oder dürfen es wirklich nur eine Isomatte und ein Schlafsack sein? Und darf man sein Biwak mit einem aufgespannten Tarp – also einer regenfesten Outdoor-Plane – schützen? Oder überschreitet man damit bereits die rechtlichen Grenzen? Und was ist mit der Hängematte, die – glaubt man den Social-Media-Posts von Mikroabenteurern – DAS Statussymbol unterwegs ist? Auf all diese Fragen gibt es keine eindeutigen Antworten. Die Erfahrung lehrt einen: Je unauffälliger das

Biwak, desto weniger Probleme bekommt man damit. Sobald ein echtes Zelt im Spiel ist, hat man in der Regel schlechte Karten.

Ich persönlich brauche nicht unbedingt ein Dach über dem Kopf und komme sehr gut damit klar, lediglich im Schlafsack auf einer Isomatte zu liegen. Wer dagegen unbedingt ein Zelt für die Nacht braucht, sollte besser auf Zeltplätze ausweichen (bei 48-Stunden-Abenteuern eine gute Idee!) oder auf einen nachsichtigen Bauern hoffen, der es einem erlaubt, das Zelt auf seinem Privatgrund aufzubauen. Seit zwei Jahren gibt es in Schleswig-Holstein außerdem 15 ausgewiesene Wildcampingplätze, auf denen es möglich ist, sein Zelt mitten in der Natur aufzustellen. Die einzig vorhandene »Infrastruktur« ist ein Dixi-Klo. Leider befinden sich die meisten Plätze nah der Grenze zu Dänemark. Einer jedoch, der in der Segeberger Heide, ist von Hamburg aus in nur

Von der Sonne geweckt werden

drei Stunden mit dem Fahrrad zu erreichen (siehe Seite 122).

Die riskanteste Camping-mit-Zelt-Variante ist es, seinen Platz so geschickt auszuwählen, dass man beim Zelten schlicht nicht erwischt wird. Sobald jedoch ein Ordnungshüter eine solche Zeltstatt entdeckt, ist Schluss mit der Nachtruhe und es droht sogar eine Geldstraße, die mehrere Tausend Euro hoch ausfallen kann. Wer das nicht riskieren möchte, ist mit einem echten Biwak einfach besser dran. Selbst wer sein Zelt erst sehr spät aufbaut und sich einen Wecker stellt, um für den Abbau ganz in der Früh aufzustehen, wird sich mitunter wundern, zu welchen Unzeiten Förster, Polizisten oder Naturschützer unterwegs sein können.

Wird man im Biwak dennoch von einem Förster gefunden und angesprochen, sollte man folgende Ratschläge beherzigen:

- Bleib höflich. Im Wald hat der Förster das Sagen.
- Weise dich auf Verlangen aus. Denn: Im Wald hat der Förster das Sagen.
- Mache klar, dass du bei Tagesanbruch weiterziehen wirst und nicht vorhast, dich an deinem Biwakplatz für längere Zeit einzurichten.

Unabhängig davon, ob du nun im Biwak oder mit einem kleinen Zelt unterwegs bist, solltest du dich beim Übernachten in der freien Natur an einige Regeln halten. Die wichtigste lautet:

Hinterlasse an dem Platz, an dem du übernachtest, nichts als Fußabdrücke.

Damit dir das gelingt, solltest du dein Biwak so einrichten, dass du den ausgewählten Platz so wenig wie möglich veränderst oder beschädigst. Es ist okay, sich in einem Wald aus heruntergefallenen Zweigen und Laub einen Windschutz zu bauen. Wenn du dafür jedoch Äste von einem Baum absägen oder das Blattwerk von Sträuchern ausreißen müsstest, lässt du es besser bleiben. Du solltest selbstverständlich deinen Müll wieder vollständig mitnehmen und während der Zeit in der Natur auf Musik aus einem Lautsprecher verzichten. Benutze Kopfhörer. Falls du auf Toilette musst, halte einen Mindestabstand von 40 bis 50 Metern zu allen Gewässern ein. Verwende lediglich Recyclingpapier und kein mit Chlor gebleichtes. Idealerweise vergräbst du deine Hinterlassenschaft oder bedeckst sie zumindest mit Erde oder Steinen. Ein Wort noch zum Thema Hygiene: Wenn du dich unterwegs im Wald unbedingt waschen musst, benutze Wasser und den Saft einer Zitrone, mit dem du dich einfach einreibst. Natürlicher geht's nicht und für den Moment reicht das vollkommen aus. Schließlich bist du nicht wochenlang unterwegs, sondern maximal zwei Tage. Und statt Zähneputzen tut es auch mal ein Kaugummi.

Mit einer Übernachtung draußen ist beinahe zwangsläufig der Gedanke an ein hübsch prasselndes Feuer verbunden. Wenn du in einem Wald bist: Lass es. Offenes Feuer ist nämlich verboten und vor allem im Sommer wirklich gefährlich. Mit einer offenen Flamme arbeiten auch die meisten Campingkocher. Allerdings entsteht hier kein Funkenflug, wodurch bei sachgemäßer Benutzung des Kochers die Brandgefahr erheblich geringer ist. Dennoch: Wenn du in einem Biwak von einem Förster oder Jäger angesprochen wirst, wird das Thema Feuer zur

Sicherheit geht vor Romantik: Bitte mach kein offenes Feuer im Wald!

Sprache kommen. Wer keines dabeihat und den Förster auch einen Blick in seinen Rucksack werfen lässt, erhöht seine Chancen enorm, an seinem Biwakplatz geduldet zu werden. Auch die Hängematte kann an manchen Orten kontraproduktiv sein, da sie nun mal eher für ein kleines Luxuslager als für eine kurzfristige Notunterkunft steht. Persönlich verzichte ich daher lieber darauf. So bequem sind Hängematten nun auch wieder nicht.

Welche Ausrüstung du brauchst – und welche nicht
Für deine Packliste gilt unabhängig vom anvisierten Mikroabenteuer: Weniger ist mehr. Erstens hast du so nicht zu viel zu tragen und sparst dir deine Kraft für den Weg. Zweitens steht ein Zuviel an Ausrüstung deiner Wiederannäherung an die Natur oder der neuen Sicht auf deine Stadt immer im Weg.

Schlafsack, Isomatte und Biwaksack sind so etwas wie die heilige Dreifaltigkeit der Mikroabenteuer-Ausrüstung. Die brauchst du immer. Beim Schlafsack hast du die Wahl zwischen Daune und Kunstfaser. Daune ist wärmer, meistert selbst geringe Minusgrade, ist leichter als Kunstfaser und hat ein sehr kleines Packmaß. Leider kostet ein guter Daunenschlafsack aber auch deutlich mehr und lässt sich nicht so einfach reinigen wie ein Schlafsack mit Kunstfaserfüllung. Weiterer Pluspunkt für die Kunstfaser: Sie wärmt auch bei Feuchtigkeit. Das kann bei Touren im Frühling oder im Herbst, wenn es morgens oft noch recht feucht ist, entscheidend sein.

Gegen Feuchtigkeit soll natürlich vor allem der Biwaksack schützen. Der ist so etwas wie die Regenjacke für deinen Schlafsack. Ich empfehle dir, immer ein 2-Mann-Modell zu kaufen. Bist du zu zweit unterwegs, wird es so im Biwak deutlich wärmer. Bist du allein auf Tour, kannst du bei Regen deinen Rucksack mit in den Sack nehmen. Ganz wichtig: Investiere in einen atmungsaktiven Biwaksack. Ansonsten schläfst du in einer Sauna, in der sich durch Schweiß und Atemluft Kondenswasser bildet und die alles im Inneren feucht werden lässt. Ist das Wetter gut, kannst du den Biwaksack zudem als schützende Unterlage für deine Isomatte benutzen.

Isomatten gibt es mittlerweile in allen Längen und Breiten. Kaufe unbedingt eine Matte, die länger ist als deine Körpergröße. Der Klassiker sind Schaumstoffmatten. Vorteil: Sie sind günstig und so gut wie unkaputtbar und können daher auf jedem Untergrund benutzt werden. Nachteil: das sperrige Packmaß. Eine deutlich bessere Wärmeleistung und mehr Komfort bieten selbstaufblasende Isomatten. Zusammengerollt nehmen manche dieser Matten nicht mehr Platz ein als eine 1 Liter-Wasserflasche. Der Nachteil hier: Die Unterseite von selbstaufblasenden Isomatten ist nicht durchstoßsicher. Du musst deshalb deinen Biwakplatz entweder sehr sorgfältig präparieren und von spitzen Steinen und Ästen befreien oder eine Unterlage verwenden, etwa deinen Biwaksack oder eine zusätzliche reißfeste Zeltunterlage. Einige dieser Unterlagen sind so konzipiert, dass du sie im Notfall auch als Tarp nutzen und einen Unterstand daraus bauen kannst. Und ein Tarp gehört ohnehin immer in dein Gepäck (siehe Kapitel »8 Dinge, die du bei jedem Mikroabenteuer dabeihaben solltest«, S. 46).

Vielseitig einsetzbar: ein Tarp als Zeltersatz und Regenschutz

Solltest du ein Zelt mitnehmen wollen, gibt es bei der Auswahl meiner Meinung nach nur ein relevantes Kriterium: das Gewicht. Der Wetterschutz ist bei den meisten Zelten vollkommen ausreichend. Falls für dich jedoch auch das Winter-Campen in Betracht kommt, musst du zudem auf die Schneesicherheit des Zelts achten. Kompromisse musst du lediglich beim Platzangebot eingehen, wenn du es leicht haben möchtest. Mittlerweile schaffen es spezialisierte Zelthersteller wie Hilleberg, 1-Mann-Zelte im 1-Kilogramm-Bereich zu bauen. Wer zu zweit unterwegs ist, sollte mit 2,5 Kilogramm fürs Zelt rechnen. Es ist Wahnsinn, wie leicht es einem heutzutage im wahrsten Sinne des Wortes gemacht wird, draußen zu sein.

Das Wichtigste bei Touren mit dem Rad sind vernünftige Satteltaschen, in denen Biwakausrüstung und zur Not auch dein Zelt Platz finden, zwei (!) Ersatzschläu-

Bike-Packing:
eine Wissenschaft
für sich

che, eine Luftpumpe und natürlich ein Helm. Die Satteltaschen solltest du vor dem Kauf unbedingt Probe fahren. Kommst du mit einer Lenkertasche gut klar? Oder ist dir ein niedriger Schwerpunkt angenehmer? Bist du mit einem Mountainbike unterwegs oder mit einem Trekkingrad? Mit einem Mountainbike wirst du um einen kleinen Rucksack auf dem Rücken nur dann herumkommen, wenn du dich wirklich auf das Nötigste an Gepäck beschränkst (Tarp, Isomatte, Schlafsack plus Must-haves). Google einfach nach »Ideen Bike-Packing«, und du wirst Dutzende Inspirationen bekommen, wie du das Packen umsetzen kannst.

Ein sehr wichtiges Thema bei Radtouren: Licht. So praktisch wiederaufladbare LED-Leuchten auch sind, sie schränken dich oft durch ihre Betriebsdauer ein. Mit einem Licht, das bereits nach vier bis fünf Stunden seinen Geist aufgibt, kommst du nicht durch eine Nacht. Glücklicherweise gibt es mittlerweile Kompaktlampen, die mit einer Akkuladung bis zu 20 Stunden durchhalten.

Auf dem Wasser sind Stand-up-Paddling-Boards (SUPs) im Moment der letzte Schrei. Kein Wunder, mit circa 15 Kilogramm Gewicht und circa 60 Litern Packmaß lassen sich die aufblasbaren Bretter sehr gut transportieren und kosten nicht die Welt (ab circa 300 Euro). Die Alternative zum SUP ist ein Faltkajak. Die gibt es mit Gestänge oder als Schlauchboote. Bei guten Modellen, die sich auch für längere Touren eignen, ist der Anschaffungspreis jedoch ziemlich hoch (ab 1500 Euro). Günstige Modelle, die in derselben Preisklasse wie SUPs liegen oder sogar nur um die 100 Euro kosten, haben oft Nachteile bei der Tragkraft.

Mikroabenteuer =
Mikrogepäck

Mit einem Zweierkanadier mit nur 160 Kilogramm Tragkraft kann man höchstens auf einem ruhigen See paddeln. Pimpt man sein SUP mit einem Sitz und kauft sich das passende Paddel dazu, lässt sich das Brett übrigens fast wie ein Kanu fahren.

Egal ob SUP oder Kajak: Wenn du auf dem Wasser unterwegs bist, brauchst du einen Drybag, der deine Sachen trocken hält. Sehr gute Taschen, wie zum Beispiel von Aquapac, lassen sich nicht nur auf dem Rücken tragen, sondern auch wie Bojen benutzen. Fürs Freischwimmen, zum Beispiel beim Durchschwimmen eines Sees, eignen sich Sicherheitsbojen mit wasserdichtem Stauraum. Durch sie bleibst du auf dem Wasser für Boote sichtbar und kannst deine Wertsachen sowie Latschen, Shorts und Shirt bei dir führen.

Hast du vor, oft und lange auf dem und im Wasser zu sein, brauchst du unbedingt einen Neoprenanzug. Was auf normale Badegäste, die sich nur für ein paar Minuten in kalten Gewässern aufhalten, oft überprofessionell wirkt und spöttisch begleitet wird, hat seinen Sinn. Das unmerkliche Absinken der Körpertemperatur unter 35 Grad Celsius durch einen langen Aufenthalt in kaltem Wasser sowie körperliche Erschöpfung können zu schweren Herzrhythmusstörungen führen und schließlich zum Ertrinken.

1.Wechselsocken

Warme Füße sind so ziemlich das Wichtigste, um nicht zu frieren. Sind deine Füße warm, fühlt sich auch der Rest deines Körpers gleich viel wärmer an. Allerdings werden Füße ziemlich schnell kalt, vor allem dann, wenn sie nass sind. Und das passiert auf Mikroabenteuern häufiger, als man denkt. Einmal auf dem Weg in eine zu tiefe Pfütze oder in Erdmatsch getreten oder beim Check der Wassertemperatur der Elbe oder eines Sees nicht aufgepasst, schon kann Wasser in den Schuh dringen. Das fühlt sich nicht nur unangenehm an, sondern sorgt auch für kalte Füße. Wer jetzt mit Wechselsocken auf das Malheur reagieren kann, ist ein glücklicher Mensch. Während man beim Wandern die Nässe theoretisch einfach herauslaufen kann, sind nasse Füße beim Radfahren von Anfang bis Ende einfach nur nervig. Das zweite Paar Socken schützt aber nicht nur bei Wasserunfällen, sondern kann auch helfen, wenn du dir eine Blase gelaufen hast (einfach die zweite Socke über den Fuß mit der Blase drüberziehen) oder wenn du merkst, dass du in einem nicht ganz perfekt eingelaufenen Schuh zu stark rutschst.

Noch ein Tipp: Finde gute Outdoor-Socken mit einem Wollanteil. Diese entwickeln trotz Feuchtigkeit oft noch eine gute Wärmeleistung, sodass du bei nassen Füßen deine Wechselsachen nicht sofort einsetzen musst.

2. Panzerband

Unterwegs muss man immer mal improvisieren. Zum Beispiel, wenn ein Ast oder ein spitzer Stein deinen Schlafsack kaputtreißt oder sich deine Sohle ohne Vorwarnung vom Schuh zu lösen beginnt. Wenn es darum geht, Dinge notdürftig zu reparieren, ist Panzerband meine erste Wahl. Das Klebeband ist auch als Gaffer Tape bekannt. Es handelt sich dabei um ein Gewebeklebeband, das auf so ziemlich allen Untergründen haftet und zudem wasser- und hitzebeständig ist. Schon die Astronauten in der auf dem Weg zum Mond verunglückten Apollo 13 halfen sich mit der Allzweckwaffe Panzerband aus der Klemme. Mit dem Band lassen sich geplatzte Fahrradschläuche oder Löcher in Zeltplanen notdürftig flicken. Es kann als Wäscheleine oder als provisorischer Rucksack-Gurt genutzt werden. Du musst eine blutende Wunde abdichten, einen verstauchten Knöchel tapen oder dir gar eine Schiene an einem gebrochenen Arm legen? Ein Glück, dass du wenigstens das Panzerband eingepackt hast! Deine Brillenfassung bricht bei einem Sturz entzwei? Kein Problem! (Es sei denn, die Gläser sind ebenfalls Schrott.) Panzerband fungiert mit einer sauberen Unterlage als Blasenpflaster: Du kannst damit einen Schuh, der an der Ferse scheuert, polstern. Oder eine zerbrochene Zeltstange fixieren. Du siehst: Panzerband muss einfach immer mit. Neben seiner Vielseitigkeit besticht das Panzerband auch durch seine einfache Handhabung. Obwohl es sehr fest ist, lässt es sich ganz einfach mit den Händen einreißen. Du brauchst also keine Schere oder ein Messer. Trotzdem solltest du Letzteres ebenfalls immer bei dir haben.

3. Taschenmesser

Wenn du großes Glück hast, überkommt dich auf einem deiner Mikroabenteuer früher oder später die Langeweile. Wie praktisch, wenn du dann ein kleines Taschenmesser bei dir hast, um zum Beispiel Tierfiguren oder eine Flöte zu schnitzen. Doch nicht nur bei Langeweile ist ein Taschenmesser ein nützliches Helferlein.

Was du mit einem Taschenmesser alles machen kannst:

- Blasen aufstechen (man liest an dieser Stelle vielleicht heraus, dass ich leider recht schnell Blasen bekomme, weshalb ich dieses Thema öfter erwähne),
- einen Splitter aus dem Finger entfernen,
- eine Toilettengrube ausheben,
- unlösbare Knoten durchschneiden,
- eine Bierflasche öffnen,
- Brot, Käse und Wurst schneiden,
- eine Dose öffnen,
- Totholz zurechtsägen, um einen Stuhl oder einen Unterstand zu bauen.

Mit anderen Worten: Ein Taschenmesser muss einfach mit.

4. Badehose oder Bikini plus Handtuch

Was gibt es Schöneres, als bei einer Wanderung einfach in den nächstbesten Fluss zu tauchen, sich in einer Badegumpe zu erfrischen oder in einem See zu schwimmen? Klar kann man oft genug auch im Adamskostüm ins Wasser springen. Doch wenn die ganz große Einsamkeit am Wasser ausbleibt (was tagsüber und am Wochenende recht oft der Fall sein kann), ist man um eine angemessene Bekleidung froh. Selbst wenn das Ziel ein 50-Kilometer-Marsch ist, nimmt man die unverhoffte Erfrischung zwischendurch an einem Wasserfall gerne mit. Wie oft habe ich mich geärgert, wenn ich Badehose und Handtuch nicht eingepackt hatte und am Weg unverhofft eine schöne Badestelle auftauchte, an der ich – getreu dem Motto »Immer schön flexibel bleiben« – gerne gleich ganz geblieben wäre – selbst dann, wenn ich sie mir mit ein paar anderen Menschen hätte teilen müssen. Zum Thema Handtuch: Entweder greifst du zum Outdoor-Handtuch oder aber – günstiger geht's nicht – du benutzt ein einfaches Mikrofasertuch aus dem Drogeriemarkt deines Vertrauens, um dich abzutrocknen.

5. Toilettenpapier

Manchmal ist der eigene Körper ein rechter Arsch und nimmt keinerlei Rücksicht auf Pläne oder Vorhaben. Bis nach Hause sind es noch 25 Kilometer zu laufen? Bitte gern, funken die Schließmuskeln dann zum Beispiel ans Gehirn, aber vorher müssen wir erst mal ganz dringend Ballast abwerfen. Und da es sich mit zusammengekniffenen Pobacken weder gut wandert noch radelt, muss man diesem Begehren früher oder später auch nachgeben. Hat man dann kein Toilettenpapier dabei, macht der Gang ins Gebüsch nicht wirklich Spaß.

6. Müllbeutel

Packe nicht einen, nicht zwei, sondern ruhig ein paar Müllbeutel ein. Für schmutzige oder nasse Wäsche, aber auch um Beeren oder Pilze, die du unterwegs findest, mit nach Hause nehmen zu können. In einen Müllbeutel verpackt, verwandelt sich deine Wechselkleidung oder Schmutzwäsche in ein Kissen für die Nacht. Und natürlich brauchst du die Beutel auch für deinen Müll.

7. Tarp

Falls du doch einmal von schlechtem Wetter überrascht werden solltest, ist ein Tarp deine Rettung. Du kannst damit in Minuten einen Unterstand bauen, der dich zumindest vor Regen gut schützt. Richtig aufgespannt und mit langen Heringen gesichert, hält ein Tarp sogar starkem Wind stand. Da das Tarp je nach Spanntechnik zumindest nach einer Seite offen ist, hast du außerdem deine Umgebung immer im Blick. Ich mag es, wann immer mir danach ist, in den Himmel schauen zu können und zu sehen, wohin die Wolken ziehen oder wie nah die Blitze zucken. In einem geschlossenen Zelt, gegen das Wind und Regen peitschen, beginnt bei mir dagegen sofort ein unangenehmes Kopfkino und ich fühle mich eher gefangen als beschützt. Auch das geringere Packgewicht spricht für ein Tarp. An schönen Tagen kannst du es zudem als schützende Unterlage für eine selbstaufblasende Isomatte benutzen.

Tipp: Nutze deine Wanderstöcke – falls du welche hast – als Stangenersatz. Dann musst du wirklich nur Tarp und Heringe einpacken.

8. Licht

Vor allem in den Bergen wird es manchmal schneller dunkel, als es einem lieb ist. Als Stadtmensch, der die ganze Zeit von Licht umgeben ist, ist man die kurze Dämmerung gar nicht gewohnt. Von da an geht es nur noch mit Licht weiter. Entweder, um zum Ziel zu wandern, oder, um am Wegrand einen vernünftigen Biwakplatz zu finden. Auch das Aufbauen des Biwaks geht mit etwas Licht sehr viel leichter von der Hand als ohne. Damit du immer Licht hast, wenn du es brauchst, empfehle ich dir eine Kurbeltaschenlampe mit Akku. Bei batteriebetriebenen Taschenlampen musst du immer Ersatzbatterien dabeihaben. Bei einer Outdoor-Taschenlampe reicht es meist aus, ein paar Minuten an der Kurbel zu drehen, um für 30 Minuten oder eine Stunde zumindest ein schwaches Licht zu haben. Wichtig: Die Taschenlampe sollte über einen Akku verfügen.

Deine Packliste für unterwegs

Immer dabei

Wechselsocken/Wechselkleidung . . . . ☐
Panzerband . . . . ☐
Taschenmesser . . . . ☐
Badehose . . . . ☐
Handtuch . . . . ☐
Toilettenpapier . . . . ☐
Müllbeutel . . . . ☐
Tarp . . . . ☐
Licht . . . . ☐

Die Ausrüstung fürs Biwak

Schlafsack . . . . ☐
Isomatte . . . . ☐
Biwaksack (eventuell Zelt) . . . . ☐

Mikroabenteuer zu Fuß – die Must-haves

ein guter Rucksack . . . . ☐
gute Schuhe . . . . ☐

**Mikroabenteuer auf dem Wasser –
die Must-haves**

SUP oder Kanu + Paddel . . . . ☐
Drybag . . . . ☐
Neoprenanzug . . . . ☐
Wasserschuhe . . . . ☐

**Mikroabenteuer mit dem Rad –
die Must-haves**

gute Packsäcke (Satteltaschen) . . . . ☐
gutes Licht . . . . ☐
Ersatzschläuche . . . . ☐
Luftpumpe . . . . ☐

Auf allen Touren »nice to have«

Campingkocher . . . . ☐
Hängematte . . . . ☐
ein Buch zum Lesen . . . . ☐
Stift und Notizbuch . . . . ☐

Ich weiß, das alles sieht wenig aus. Doch viel mehr Ausrüstung braucht man wirklich nicht.

Verpflegung für unterwegs
gegen Hunger und Durst

Obwohl das Thema Outdoor-Küche mittlerweile ganze Bücher füllt, denke ich, dass man es relativ kurz halten kann: Niemand verhungert oder verdurstet innerhalb von 48 Stunden. Draußen kochen bedeutet in der Regel Feuer plus Equipment. Bitte denke jedoch immer daran: Vor allem dann, wenn du im Wald oder in der Nähe eines Waldes unterwegs sein solltest, kannst du mit einem Feuer mehr verlieren als gewinnen. In den meisten Ratgebern wird insbesondere eine Morgenkaffee-Romantik zelebriert, die ohne Campingkocher nicht möglich ist. Wozu? Als ob es nicht auch einmal ohne Kaffee ginge … Klar braucht jemand, der die Nacht draußen verbringt, ein Abendessen. Auch wer lange zu

Draußen
kochen?
Wozu?

Fuß oder mit dem Rad unterwegs ist, sollte zwischendurch seine Energiespeicher füllen. Allerdings reichen dafür Vollkornbrot, Wurst oder Käse sowie Schokolade und Nüsse vollkommen aus. In meinem Gepäck auch stets dabei: ein Apfel. Der erfrischt immer.

Viel wichtiger als eine Outdoor-Küche mit sich herumzuschleppen, ist auf einem Mikroabenteuer die Versorgung mit Wasser. Vor allem bei schweißtreibenden Aktivitäten oder längeren Abenteuern ist der Durst ein viel größerer Feind als der Hunger. Wenn du übernachtest, solltest du mindestens zwei Liter Wasser bei dir haben. Wenn du viel Wasser mit dir tragen musst, sind Wasserbeutel eine gute Alternative zu Flaschen. Klare Quellen, wie sie Tourengeher in den Bergen immer mal wieder vorfinden, gibt es in Hamburg und Umgebung nicht. Das heißt für dich, dass du ein bisschen improvisieren musst. Wenn dir dein Vorrat ausgeht, hast du zum Beispiel die Möglichkeit, selbst stark verschmutztes Wasser mit einem mechanischen Wasserfilter plus Aktivkohle trinkbar zu machen. Solche Wasserfilter kosten um die 120 Euro und filtern neben Kleinsttieren auch Schwebstoffe aus dem Wasser.

Je nach Tour kannst du aber auch einfach höflich in der Nachbarschaft oder bei einem Bauern fragen, ob du deine Wasservorräte auffrischen darfst. Wenn du großes Glück hast und dich gut mit deinem Gegenüber verstehst, weist er dir womöglich ein besonders schönes Plätzchen für deine Übernachtung zu. Neben der Einsamkeit in der Natur gehört der unerwartete Austausch mit fremden Menschen und die oft vollkommen unerwartete Hilfsbereitschaft zu den faszinierendsten Facetten von Mikroabenteuern.

Frisches Wasser in der freien Natur finden

Allein, zu zweit oder zu … ? Warum du für deine Mikroabenteuer große Gruppen meiden solltest

Idealerweise finden Mikroabenteuer allein oder zu zweit statt. Ist man mit der Familie unterwegs, hat man für gewöhnlich mindestens eine Person mehr im Schlepptau. Aber da Mikroabenteuer im Familienkreis ohnehin etwas anders funktionieren und nicht auf absolute Wildnis, Leistung oder Ausdauer, sondern auf Entdecken und Sich-fallen-Lassen aus sind, ist das vollkommen in Ordnung. Gegen größere Gruppen beim Mikroabenteuer sprechen einige Argumente.

1. Man kommt nicht mehr so schnell voran

Ich schätze die gesellige Runde von Freunden sehr. Wenn es jedoch darum geht, ein konkretes Ziel zu erreichen oder Entscheidungen zu treffen, merke ich immer wieder, dass jede Person mehr an Bord auch eine zusätzliche Anstrengung ist. Das geht damit los, wer wann eine Pause braucht, auf Toilette muss, entkräftet ist, den Weg links lieber mag als den Weg rechts. Und es hört schließlich nach einem langen, langen Tag bei der Wahl des Biwakplatzes auf – wenn man denn überhaupt an seinem Ziel angekommen ist. Mit Gruppen (und für mich ist alles ab drei Personen eine Gruppe) assoziiere ich vor allem eines: endlose, oft nicht zielführende Diskussionen.

2. Man beschäftigt sich mehr mit der Gruppe als mit der Welt drum herum

Sobald man in größerer Gruppe bei einem Mikroabenteuer unterwegs ist, ziehen die Mitwanderer, -paddler oder -fahrer jede Menge Aufmerksamkeit auf sich. Es ist ja durchaus spannend, wenn man sich über den letzten Urlaub, Probleme oder Erfolge im Job, das politische Weltgeschehen oder über gute Bücher und empfehlenswerte Filme unterhält. Leider geht bei diesen Gesprächen jedoch oft der Fokus auf die Welt drum herum verloren. Dabei macht doch gerade das Erleben der Natur oder der eigenen Stadt unter den neu gewählten Voraussetzungen ein Mikroabenteuer so wertvoll. Natürlich ist es schön, Zeit mit seinen Freunden zu verbringen. Genauso wichtig ist es jedoch, Zeit mit sich selbst ganz ohne Ablenkung zu verbringen.

3. Man fällt mehr auf

Je größer die Gruppe, desto größer ist die Wahrscheinlichkeit, dass man mit seinem Biwak auffällt. Es macht einen großen Unterschied, ob man irgendwo auf einer Schonung zwei Schlafsäcke ausrollt oder ob es sich eine Gruppe von vier oder fünf Leuten dort gemütlich macht. Eine solche Gruppe ist zwangsläufig sichtbarer und auch lauter. Sie ist auch eine viel größere Belastung für die Natur. Die Wahrscheinlichkeit, dass sich ein Förster überzeugen lässt, ein Biwak zu dulden, ist daher bei einem Lager mit einer oder zwei Personen deutlich höher.

Herrliche
Einsamkeit

Wie gefährlich sind Mikroabenteuer?

Die Gefahr und das Abenteuer sind im Kopf vieler Menschen wie Geschwister, die zusammengehören. Ich denke das nicht. Mir geht es bei Mikroabenteuern nicht um einen besonderen Nervenkitzel, sondern um Erlebnisse, die mir guttun, Spaß machen und die mich herausfordern. Nichtsdestotrotz kann man sich auch auf Mikroabenteuern in Gefahr bringen. Seenebel kann dir im Watt innerhalb von Minuten die Orientierung schwer machen. Bei einem plötzlichen Gewitter sollte man wissen, was zu tun ist (runter vom Fahrrad, raus aus dem Wasser, Freiflächen und Hochpunkte meiden!). Wer im Wald übernachtet, sollte sich informiert haben, wie er sich bei der Begegnung mit einem Wildschwein

Bei Abenteuern im Wasser ist besondere Vorsicht geboten.

außer Rand und Band am besten verhält (rauf auf den nächsten Baum!). Idealerweise beugt man solchen Gefahren vor, indem man weiß, dass man Essensreste nicht in der Nähe seines Biwaks auf den Boden wirft. Auch Geschirr, sollte man welches mitgenommen haben, lässt man schmutzig besser nicht frei herumliegen. Das alles gehört gut verstaut (du hast ja deine Müllbeutel immer dabei!) auf einen Baum aufgehängt. Natürlich handelt es sich dabei nicht um den Baum, unter dem man schläft.

Am gefährlichsten sind ohnehin nicht Begegnungen mit Wildtieren, sondern die Mikroabenteuer auf dem Wasser. Bei einer Flussüberquerung oder beim Durchschwimmen eines Sees solltest du immer einen Partner und eine Sicherung dabeihaben. Ertrinken ist entgegen der allgemeinen Annahme ein leiser Tod. Da wedelt man nicht noch zehn Minuten mit dem Armen herum und schreit um Hilfe. Im Gegenteil, die Erschöpfung paralysiert einen. Komplett. Außerdem sollte man niemals die Kraft des Wassers unterschätzen. So träge und harmlos ein Fluss wie die Elbe aussehen mag: Sie ist es nicht. Die von den Gezeiten verursachte Tideströmung und die Wellen, die von großen Schiffen ausgehen, machen die Elbe zu einem sehr anspruchsvollen Revier für Wassersportler. Da setzt man sich nicht einfach ins Kanu und paddelt los. Die Folgen könnten verheerend sein. Wenn du außerdem vorhast, auf dem SUP im Bootsverkehr mitzumischen und zum Beispiel die HafenCity zu erkunden, trage dabei immer eine Schwimmweste. Die Boote nehmen leider oft keine Rücksicht. Außerdem sind die Bug- und Heckwellen aus allen Richtungen eine echte Herausforderung, auf dem SUP stehen zu bleiben. Daher meine Bitte: Pass vor allem bei Mikroabenteuern im Wasser besonders auf!

Fordere dich selbst heraus!

Dein Körper ist nur imstande, das zu leisten, was du ihm auch abverlangst. Wenn du immer nur einen Liegestütz machst, wird dein Körper auch nur die Kraft für diesen einen Liegestütz entwickeln. Genauso verhält es sich mit Herausforderungen zu Fuß, im Wasser oder auf dem Rad. Die Vorstellung, an einem Tag 50 Kilometer zu wandern, dürfte für die meisten erst mal utopisch klingen. Dabei ist eine solche Strecke – eine solide Grundfitness vorausgesetzt – in weitgehend ebenem Gelände in acht bis zehn Stunden zu schaffen. Dass es sogar noch weiter geht, beweisen nicht zuletzt organisierte Challenges wie der Megamarsch oder der Mammutmarsch, bei denen man innerhalb von 24 bis 26 Stunden eine Distanz von 100 Kilometern zurücklegt. Ich mag solche Challenges. Oft ist allein das Training für ein solches Event ein guter Einstieg in die Mikroabenteuer-Welt. Und was zu Fuß geht, klappt natürlich auch auf dem Fahrrad. 100, 150 oder 200 Kilometer sind mit ein bisschen Übung tatsächlich drin. Und ehe man sichs versieht, radelt man von Hamburg aus an den Brahmsee, statt den Zug zu nehmen. Es sind ja »nur« 170 Kilometer hin und zurück. Auch auf dem Wasser kannst du dich herausfordern und Seen verschiedener Breite durchschwimmen. Du kannst hier mit einem Kilometer starten und dich dann langsam auf zwei oder drei Kilometer vorarbeiten. Bitte beachte dabei aber unbedingt die im Kapitel zuvor genannten Sicherheitsmaßnahmen.

Mikroabenteuer für Frühling, Sommer, Herbst und Winter

Mikroabenteuer sind nicht nur ein Sommerspaß. Im Gegenteil: Vor allem im Winter hat man Flüsse und

Den Wechsel
der Jahreszeiten
hautnah erleben

Seen auch an den Wochenenden fast für sich allein. Eine SUP- oder Kanutour auf der Elbe sollte man unbedingt auch einmal im Januar gemacht haben. Das Inselhopping auf dem Schaalsee lohnt auch im Frühjahr, wenn der See noch nicht so stark besucht wird wie im Sommer. Manche Abenteuer – wie zum Beispiel das Wandern auf dem zugefrorenen Selenter See – funktionieren nur im Winter. Zu jedem in diesem Guide vorgeschlagenen Mikroabenteuer findest du eine Empfehlung, wann sich das kleine Abenteuer besonders lohnt. Bestimmte Orte, wie zum Beispiel die Lüneburger Heide oder die Flintbeker Eibe, zeigen besonders schön den Wandel, den die Jahreszeiten mit sich bringen.

Generell solltest du dich vom Wetter niemals in deiner Abenteuerlust bremsen lassen. Klar können die Witterungsbedingungen dein Mikroabenteuer zur Quälerei werden lassen und vielleicht kommst du bei einer Radtour im Regen nicht so weit wie ursprünglich geplant. Aber in diesem Fall sind eben die schlechten Bedingungen der Tour das Abenteuer und nicht das Ziel, unbedingt noch 100 Kilometer weiter fahren zu müssen.

Das Wetter ist die beliebteste Ausrede, um sich doch nicht wie geplant auf den Weg zu machen. Komisch, würdest du auch deinen Urlaub nicht antreten, wenn es am Tag deiner Abreise regnet? Mein Tipp: Plane dein nächstes Mikroabenteuer mindestens einen Monat im Voraus und trage es als festen Termin in deinen Kalender ein. Mach dich an diesem Tag auf den Weg, egal, wie die Wettervorhersage aussieht. Lediglich bei Sturm- und Gewitterwarnungen solltest du dein kleines Abenteuer verschieben. Herabfallende Äste im Wald, Blitzschlag oder das Wandern auf rutschigen Steinen in den Bergen sind ein Risiko, das man nicht zwingend eingehen muss.

Wie Mikroabenteuer dich verändern

Draußen sein macht süchtig. Das ist mit Sicherheit die erste Veränderung, die du an dir selbst erleben wirst, wenn du deine ersten Mikroabenteuer erlebt hast. Der Drang rauszugehen wird dich nicht nur am Wochenende, sondern auch unter der Woche verfolgen. Gib ihm ruhig nach, selbst wenn es sich »nur« um einen drei- oder vierstündigen Marsch handelt oder eine Radtour zu einem See, an dem du die Abenddämmerung erlebst. Nach den ersten Übernachtungen draußen wird sich dein Unbehagen gegenüber der Situation zusätzlich legen. Vor allem weil du merken wirst, dass andere Personen ziemlich offen und selbst Amtspersonen erstaunlich kulant gegenüber Freiluftabenteurern sind, die respektvoll mit dem Platz umgehen, an dem sie sich aufhalten. Faszinierend ist auch, wie sich das eigene Zeitempfinden ändert. Draußen scheint die Zeit sehr viel langsamer zu vergehen als zu Hause vor dem Smartphone oder dem TV. Das Resultat ist eine innere Unruhe, die dir gerade am Anfang zu schaffen machen wird. Wir sind es gewohnt, immer beschäftigt zu sein, immer etwas zu tun zu haben oder uns mit Nachrichten, Spielen, Filmen und Serien die Zeit zu vertreiben. Doch eines Tages legt sich diese innere Unruhe und du sitzt unter einem Baum oder an einem See und schaust einfach in die Natur, ganz ohne Verpflichtungen. Du horchst in dich hinein, langweilst dich womöglich sogar und fragst dich, worauf du jetzt Lust hast (siehe die folgende Langeweile-Liste auf S. 61). Das ist Freiheit. Ein schönes Gefühl.

Mit der Zeit wirst du auch körperliche Veränderungen wahrnehmen. Du wirst zum Beispiel nicht mehr so leicht frieren. Sowohl abends nicht als auch am Morgen,

Schnitzen ist immer ein guter Zeitvertreib.

wenn es regelmäßig sehr feucht ist. Auch das Baden in der kalten Elbe oder in einem See wird dir mit der Zeit leichter fallen. Du wirst dich auch wundern, wie schnell du in der Lage bist, 30 oder 40 Kilometer am Stück zu marschieren. Auch frühes Aufstehen – für manche Tagestour musst du um 5 Uhr los, um am Abend wieder rechtzeitig nach Hause zu kommen – fällt nach dem vierten oder fünften Mal nicht mehr so schwer. Im Alltag und im Job wirst du merken, dass es dir viel besser gelingt, dich zu konzentrieren und Dinge zu erledigen.

Besonders spannend finde ich auch Mikroabenteuer mit Kindern. Kinder lieben die kleinen Abenteuer. Fragt man beispielsweise ein Kind, ob es nicht Lust hat, draußen nur mit Isomatte und einem Schlafsack zu schlafen, wird es mit großer Sicherheit sofort Ja sagen. Einfach, weil es in seinem Kopf noch keine Schranken und Bedenken gibt, die ständig »Halt!« sagen. Bei Kindern ist der Impuls, die Welt entdecken zu wollen, noch nicht überlagert vom ständigen Funktionierenmüssen. Natürlich haben Kinder keine Lust auf lange Wanderungen oder Radtouren, dafür fehlt ihnen die Geduld. Aber wenn es darum geht, an einem Fluss einen Damm zu bauen oder im Wald einen Unterstand aus Holz und Blättern, packen sie mit an, bis sie umfallen. Wenn man es schafft, seine Kinder auf einem Mikroabenteuer nicht mit lauter Verboten zu maßregeln (»Nein, nicht das Messer anfassen!«, »Hört auf, mit den Stöcken zu fechten! Ihr könntet euch die Augen ausstechen!«), lernt man an ihnen oft ganz unbekannte Seiten kennen.

> ## 10 Dinge, die du in der freien Natur tun kannst, wenn dir langweilig ist
>
> 1. ein Floß bauen,
> 2. ein Steinmännchen bauen,
> 3. ein Bett oder einen Unterstand für die Nacht bauen,
> 4. möglichst viele Tiere entdecken,
> 5. möglichst viele Pflanzen entdecken,
> 6. auf einen Baum klettern,
> 7. barfuß laufen,
> 8. dich einen Hügel herunterrollen,
> 9. Fossilien finden,
> 10. eine Flöte oder Tierfiguren schnitzen.

Online oder offline? Mit oder ohne Smartphone ins Mikroabenteuer?

Die Frage, ob das Smartphone Teil des Mikroabenteuers sein soll oder nicht, wird oft und gern diskutiert. Es gibt sehr gute Gründe für das Smartphone (Notfälle aller Art) und ebenso gute dagegen (Ablenkung vom Draußensein). Ich persönlich finde, dass man von Fall zu Fall entscheiden sollte, ob man das Smartphone mit auf sein Mikroabenteuer nimmt oder nicht. Vor allem bei kurzen Aktionen wie der Vollmondwanderung zum Falkensteiner Ufer kann man es getrost zu Hause lassen. Zudem gibt es Abenteuer wie die Wanderung nur mit Kompass und Karte, bei der die Versuchungen des Smartphones eher kontraproduktiv sein können. Auf Touren, die dagegen besonders lang und körperlich anstrengend sind, kann der schnelle Blick aufs Smartphone klären, ob man noch auf dem richtigen Weg ist, und deshalb eine unglaubliche Erleichterung sein. In so einer Situation hat man oft einfach nicht mehr die Frische oder die Muße, sich allzu lange mit Navigationsfragen zu beschäftigen.

Praktisch ist das Smartphone natürlich auch, um das Mikroabenteuer zu dokumentieren. Fotos von besonders schönen Schmetterlingen oder spektakulären Baumpilzkolonien lassen noch Monate oder gar Jahre später die Erinnerung an das kleine Abenteuer wiederaufleben. Entdeckt man unterwegs Pilze, Beeren oder Kräuter, kann der Blick ins Handy bei der Entscheidung helfen, ob man seine Pläne fürs Abendessen über den Haufen werfen sollte oder ob man sich nicht doch besser an die mitgebrachten Speisen hält. Bei den Challenges zu Fuß oder mit dem Rad dagegen motiviert der

Online oder offline ins Abenteuer?

Blick auf die aktuellen Leistungsdaten oder die bereits zurückgelegten Kilometer vielleicht. Schwierig kann es werden, wenn das Smartphone am Abend oder in der Nacht verhindert, dass man sich auf das Naturerlebnis um sich herum einlässt. Wenn man, statt auf das Singen der Vögel und das Rauschen der Baumkronen zu achten, doch wieder nur die News auf Instagram und Twitter checkt, erlebt man garantiert kein Abenteuer.

Die Ambivalenz, die das Smartphone mit sich bringt, lässt sich vielleicht am besten mit dem Thema Wetter illustrieren. Sobald sich dunkle Wolken am Himmel zeigen, kann der rechtzeitige Blick auf den Regenradar verhindern, dass man in der nächsten halben Stunde platschnass wird. Stattdessen sucht man sich schnellstmöglich einen Unterstand oder schlägt sein Nachtlager früher auf als geplant. So weit, so schlecht, denn macht man das, dann wird man eben auch nicht platschnass und verpasst so womöglich das großartige Erlebnis, das eine Wanderung oder Radtour bei Regen sein kann. Bei Mikroabenteuern geht es ja vor allem darum, die eigene Komfortzone zu verlassen. In zahlreichen Fällen steht einem ein Smartphone genau dabei jedoch im Weg.

Ich persönlich habe die Erfahrung gemacht, dass sich mit jedem Mikroabenteuer meine Einstellung zum Smartphone verändert hat. Vor allem am Anfang war gerade in den Abend- und Nachtstunden die Unsicherheit groß und allein der Gedanke, ein Telefon dabeizuhaben, half mir, mich mehr und mehr auf die ungewohnte Situation einzulassen. Auch die Orientierung im Wald abseits von ausgeschilderten Wegen fiel mir anfänglich mit dem Smartphone sehr viel leichter. Da jedoch mit jedem kleinen Abenteuer meine Unsicherheit, mich draußen zurechtzufinden, gesunken ist, wurde auch der Impuls, zum Telefon zu greifen, immer kleiner. Das Smartphone hat mir definitiv den Einstieg in die Mikroabenteuer-Welt erleichtert. Heute brauche ich es nicht mehr bei jeder Gelegenheit und kann sehr gut davon lassen, selbst wenn ich es dabeihabe. In diesem Guide ist jedem Mikroabenteuer eine Empfehlung beigefügt, ob man sich offline oder online daran wagen sollte. Falls du dein Handy bei dir hast, versetze es unbedingt in den »Bitte nicht stören«-Modus.

PRO	KONTRA
• schnelle Hilfe in Notfällen	• ständige Erreichbarkeit
• leichtere Orientierung in unbekanntem Gelände	• Ablenkung durch News, Kurznachrichten oder soziale Medien
• Dokumentation des Abenteuers (Fotos, Leistungsdaten)	• Gefahr des Verbleibens in der Komfortzone
• ständig verfügbare Naturinformationen (Tiere und Pflanzen)	
• Infos zu Fahrplänen des ÖPNV (oft mit der Möglichkeit des bargeldlosen Ticketkaufs)	

Apps, die dir unterwegs nützlich sein können:

Komoot – Die App bietet viele Wander- und Radrouten an. Zudem unterstützt sie Sportarten wie Jogging, Mountainbiking und Rennradfahren und passt ihre Routenvorschläge entsprechend an. Wer auf das gesamte Kartenmaterial inklusive lebenslanger Updates sowie die Offline- und die Sprachnavigation zugreifen will, zahlt einmalig 30 Euro. Touren können zudem gespeichert werden. Leistungsdaten werden ebenfalls erfasst. Lobenswert sind auch die Filter, mit denen man nach Touren suchen kann (zum Beispiel die Anfahrt mit öffentlichen Verkehrsmitteln).

Outdooractive – Ebenfalls mit einer großen Auswahl an Wander- und Radtouren. Der Fokus liegt hier ganz klar auf konkreten Tourenvorschlägen, weniger darauf, wie man am besten von A nach B kommt. Pro-Funktionen (Werbefreiheit, Offline- oder Alpenvereinskarten), gibt es im Jahresabo ab 30 Euro.

RegenRadar – Einfach ein Muss. Die Vorhersage ist, sowohl was die Regenzeit als auch was die Regenintensität angeht, sehr genau.

Star Walk 2 – Die App, die dich dabei unterstützt, den Sternenhimmel zu erkunden. Bei klarer Sicht reicht es aus, das Handy in den Himmel zu halten, und schon bekommst du Informationen zu den Sternen und Himmelsobjekten. Werbefreiheit und zusätzliche Funktionen lassen sich für maximal 3,50 Euro freischalten.

Pl@ntNet – Diese App hilft dir beim Erkunden der Pflanzenwelt um dich herum. Besonders

praktisch ist die Foto-Erkennungsfunktion. Fotografierst du eine Blume oder ein Kraut, wird die Datenbank der App nach ähnlichen Bildern durchsucht. Das funktioniert erstaunlich gut.
NABU Vogelwelt – Umfangreiche App mit Informationen zu mehr als 300 Vogelarten. Für 4 Euro gibt es auch noch die passenden Audio-Files zu den entdeckten Vögeln.

Finde dein persönliches Mikroabenteuer

Um dir einen besonders schnellen inhaltlichen Zugang zu jedem Mikroabenteuer zu verschaffen, ist jedes Abenteuer in diesem Guide in eine von drei Kategorien eingeteilt:

besondere Orte

Besonderer Ort

besondere Momente

Besonderer Moment

besondere Challenges

Besondere Challenge

Mikroabenteuer, die dich an besondere Orte führen, führen dich zum Beispiel auf den Heidschnuckenweg in der Lüneburger Heide oder zu Fuß durchs Watt auf die Insel Neuwerk. Besondere Momente erlebst du dagegen bei einem Sonnenaufgang am Totengrund oder beim Sternschnuppenregen auf dem Müllberg Hummelsbüttel. Auch eine Silvesterfeier auf dem Bungsberg gehört in diese Kategorie. Als besondere Challenges zählen dagegen all diejenigen Mikroabenteuer, die dich körperlich besonders herausfordern. Das kann ein

50-Kilometer-Marsch sein oder die Überquerung eines Flusses. Zu den Challenges gehören aber auch Aufgaben, die dir helfen dranzubleiben und so oft wie möglich rauszugehen. Etwa wenn du versuchst, innerhalb eines Monats 20 verschiedene Tiere zu entdecken. Oder wenn du dich mit deinen Kindern auf die Suche nach Kräutern begibst, aus denen ihr anschließend einen Tee kocht oder einen Salat zubereitet.

Neben diesen drei Kategorien ist jedes Mikroabenteuer zusätzlich mit einem Zeitlabel versehen, damit du sofort weißt, wie viel Zeit du ungefähr für dein Abenteuer einplanen musst. Insgesamt gibt es drei Zeitlabel:

5 to 9

Tagestrip

48 Stunden

5-to-9-Mikroabenteuer kannst du problemlos unter der Woche in deinen Alltag einbauen. Manche davon mit Übernachtung draußen (»Übernachte auf dem Wildcampingplatz in der Segeberger Heide«), manche jedoch auch ohne (»Verbringe einen Tag mit den Schafen auf dem Elbdeich«). Für einen Tagestrip, zum Beispiel um mit dem Fahrrad bis Friedrichskoog-Spitze zu fahren, benötigst du in der der Regel zwischen 12 und 24 Stunden. Auch hier kannst du zusätzlich oft draußen übernachten, musst es aber nicht. Mikroabenteuer, für die du mindesten zwei Tage am Stück unterwegs bist, zum Beispiel bei einer Radtour nach Magdeburg, sind mit dem Zeitlabel »48 Stunden« gekennzeichnet.

Weiterhin gibt es eine Empfehlung, für welche Jahreszeit sich das Mikroabenteuer am besten eignet.

Frühling

Sommer

Herbst

Winter

ganzjährig

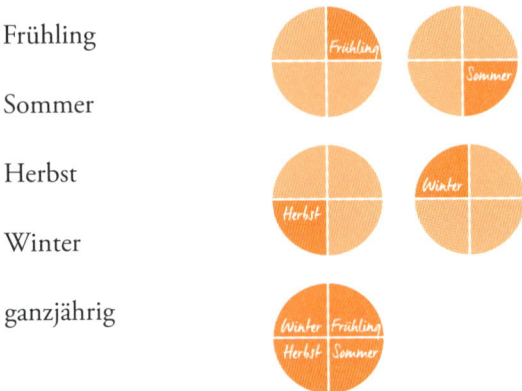

Eine SUP-Tour auf der Dove-Elbe solltest du zum Beispiel unbedingt ins Frühjahr legen. Im Sommer ist auf der Strecke, auf der auch Motorboote erlaubt sind, einfach zu viel los. Der Schöhsee dagegen ist im Juni und Juli am klarsten und lohnt daher vor allem im Frühsommer. Verändert sich ein Abenteuer in verschiedenen Jahreszeiten und lohnt dadurch zweifach, wird darauf in der Beschreibung gesondert eingegangen und es erfolgt eine Doppelauszeichnung (zum Beispiel Winter/Sommer).

Diese unterschiedlichen Einteilungen sollen dir dabei helfen, dich schnell in diesem Guide zu orientieren und je nach Lust und Laune, der Zeit, die dir zur Verfügung steht, und der gerade herrschenden Jahreszeit ein Mikroabenteuer zu finden, das perfekt in dein Leben passt.

Ein Hinweis noch zu den Entfernungs- und Zeitangaben: Dabei handelt es sich lediglich um Richtlinien. Du wirst zum Beispiel sehen, dass es bereits einen großen Unterschied macht, ob du deine Tour mit Google Maps oder einer Outdoor-App wie Komoot planst. In der Outdoor-App wirst du im Gegensatz zu Google Maps viel konsequenter über Wander- und Radwege geführt, je nachdem, ob du zu Fuß oder mit dem Fahrrad unterwegs bist. Dafür sind die Touren dann aber auch schon mal zwei bis drei Kilometer länger. Google Maps versucht dagegen immer, den kürzesten Weg zu finden, ohne auf das Naturerlebnis drum herum zu achten. Persönlich plane ich daher meine Touren lieber mit einer Outdoor-App. Teilweise sind den Apps außerdem recht moderate Geschwindigkeiten zugrunde gelegt. Es macht jedoch einen Riesenunterschied, ob du mit 4 Stundenkilometern oder mit 6 wanderst. Auf dem Fahrrad wird der Unterschied noch größer. Mit gemütlichen 15 Stundenkilometern legst du in fünf Stunden 75 Kilometer zurück. Mit einem Stundenmittel von 18 sind es dagegen 90 Kilometer. Plane deine Touren daher immer in Abhängigkeit von deinen persönlichen Geschwindigkeiten.

»Auch der vernünftigste Mensch bedarf
von Zeit zu Zeit wieder der Natur.«
Friedrich Nietzsche

Frische Ideen für dein nächstes Mikroabenteuer

MIKRO ABENTEUER

zu Fuß

Wandere durch die Lüneburger Heide

Lüneburger Heide … das klingt nach Schulausflug und Seniorenrunde, ist aber in Wirklichkeit eine einzigartige Naturlandschaft, in der man sich wunderbar verlaufen kann. Die vorgeschlagene Tour führt dich über gut 27 Kilometer von Schneverdingen nach Hanstedt. Beide Orte sind mit öffentlichen Verkehrsmitteln in gut einer Stunde zu erreichen. Von Schneverdingen aus geht es durch die Ostheide (unbedingt ein Stück auf dem Spitzbubentrail laufen!). Von dort aus kannst du dann den Wilseder Berg ansteuern und anschließend weiter nach Hanstedt laufen. Obwohl es am Wegrand immer

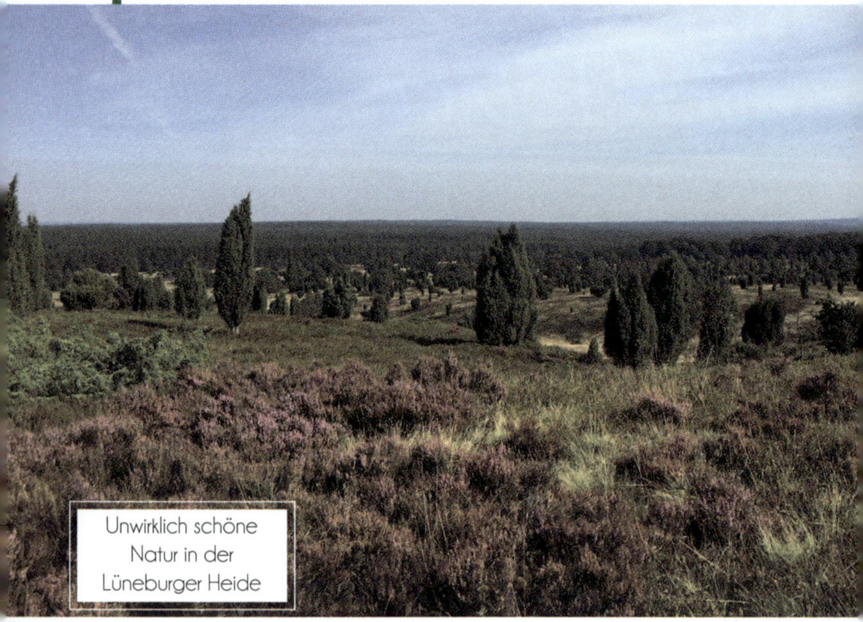

Unwirklich schöne Natur in der Lüneburger Heide

wieder fantastische Biwakplätze gäbe, befindet du dich leider in einem Naturschutzgebiet. Zu diesem gehört das Ziel Hanstedt jedoch nicht mehr. Solltest du daher am Abend nicht gleich wieder heimfahren wollen, halte doch einfach Ausschau nach einem schönen Plätzchen entlang der Schmalen Aue oder im nahe gelegenen Toppenstedter Wald.

Wie lange dauert's? Circa 6 Stunden für 27 Kilometer, zuzüglich Hin- und Rückfahrt. **Wo geht's los?** In Hanstedt. **Wie kommt man hin?** Mit Bahn und Bus ab Hamburg Hauptbahnhof in circa 1 Stunde. **Was muss mit?** Ein guter Fotoapparat. **Online oder offline?** Online. Dann kannst du dich in der Lüneburger Heide ruhig ein bisschen verlaufen und eventuell nach einem Übernachtungsplatz etwas außerhalb des Naturschutzgebietes suchen. **Übernachtung ja/nein?** Möglich.

Wandere auf dem Heidschnuckenweg durch die Fischbeker Heide

Eigentlich ist der Heidschnuckenweg ein insgesamt über 200 Kilometer langer Weitwanderweg, der bis nach Celle führt. 2014 wurde er zu Deutschlands schönstem Wanderweg gekürt. Wer die ganze erste Etappe des Weges bis Buchholz laufen will, hat gut 26 Kilometer vor sich. In Buchholz gibt es auch wieder Bahnanschluss. Da man von hier aus mit dem Zug in nur 20 Minuten zum Hamburger Hauptbahnhof gelangt und der erste Zug kurz vor 5 Uhr fährt, ließe sich aus der Tour

Wie gemalt:
der
Heidschnuckenweg

auch eine schöne Nachtwanderung unter der Woche machen. Alternativ kannst du den Heidschnuckenweg aber auch nach einiger Zeit verlassen und die Fischbeker Heide auf eigene Faust zu erkunden. Lohnendes Ziel: der Hasselbrack, Hamburgs höchster Berg, auf dem du im Biwak übernachten kannst (siehe S. 91f.).

Wie lange dauert's? Für den Weg bis Buchholz brauchst du circa 6 Stunden. **Wo geht's los?** Am Parkplatz Heidschnuckenring. **Wie kommt man hin?** Mit der Bahn ab Hamburg Hauptbahnhof bis Fischbek in circa 40 Minuten. **Was muss mit?** Nichts Besonderes. **Online oder offline?** Offline und Online. Laufe einfach der Nase nach und finde dann mit dem Smartphone deinen Weg nach Hause zurück. **Übernachtung ja/nein?** Möglich, zum Beispiel auf dem Hasselbrack.

Unternimm eine Vollmondwanderung im Sachsenwald (und mache dort eine lange Pause)

Besonderer Moment

Sommer

Der Sachsenwald ist ein guter Ort, um sich ans Übernachten im Biwak heranzutasten, zum Beispiel bei einer schönen Vollmondwanderung. Schöne Übernachtungsplätze findest du – von der Bahnstation aus gesehen – in nordöstlicher Richtung entlang der Bille oder aber westlich der Sachsenwaldstraße, die den Wald leider durchzieht. Dorthin musst du allerdings noch gut eine

Der Sachsenwald
im Osten
Hamburgs

Stunde laufen. Ein weiteres landschaftlich lohnendes Ziel ist die Schwarze Aue. Wer dort biwakiert, muss allerdings gut mit Insekten klarkommen. Sollte es – warum auch immer – mit dem Übernachten doch nicht klappen, kommst du aus dem Sachsenwald auch mitten in der Nacht ohne Probleme wieder nach Hause. Fahre einfach mit dem Fahrrad hin und parke es an der S-Bahn-Station Aumühle.

Wie lange dauert's? Ohne Zeitlimit. **Wo geht's los?** Vor deiner Haustür. **Wie kommt man hin?** Mit dem Fahrrad bis Aumühle. **Was muss mit?** Nichts Besonderes. Du könntest sogar auf die Taschenlampe verzichten. Es ist erstaunlich, wie gut man bei Vollmond sehen kann. **Online oder offline?** Online. **Übernachtung ja/nein?** Ja.

Wandere zum Falkensteiner Ufer

Vom Stadtzentrum aus führt dich diese abwechslungsreiche Wanderung immer an der Elbe entlang Richtung Blankenese. Die Landungsbrücken, der Hafen, der Alte Schwede in Övelgönne, der Hindenburgpark – die Strecke ist gespickt mit Hamburg-Highlights, die mal urban, mal idyllisch abgeschieden daherkommen. Vom Zentrum bis zum Falkensteiner Ufer sind es immerhin fast 18 Kilometer, für die du circa drei bis vier Stunden benötigst. Da es bei dieser Wanderung jedoch nicht auf Leistung ankommt, kannst du ruhig längere Pausen einlegen. Direkt ans Falkensteiner Ufer schließt sich das Naturschutzgebiet Wittenbergen an, das du auch noch erkunden könntest. Dann solltest du dich allerdings nicht später als gegen 21 Uhr auf den Weg machen. Zurück geht es von Blankenese übrigens mit dem Nachtbus. Oder du nimmst dir deine Biwakausrüstung mit und suchst dir einen Schlafplatz am Falkensteiner Ufer (siehe Tipp).

Wie lange dauert's? Circa 4 Stunden, zuzüglich An- und Abreise. **Wo geht's los?** Am Rathausmarkt. **Wie kommt man hin?** Mit dem Fahrrad oder dem HVV. **Was muss mit?** Hier findet man auch gute Möglichkeiten, eine Hängematte aufzuhängen. **Online oder offline?** Offline. **Übernachtung ja/nein?** Möglich.

Tipp: Diese Wanderung ist eine weitere prima Gelegenheit, sich langsam an das Draußen-Übernachten zu gewöhnen. Packe einfach neben einer Taschenlampe und einer Isomatte auch einen Schlafsack ein. Vor allem durch die Nähe zum Campingplatz ElbeCamp fühlt man sich hier eigentlich ganz gut behütet. Wenn es dir an der Elbe nicht gefallen sollte, suche dir einen Platz im Sven-Simon-Park zum Biwakieren. Der liegt direkt hinter dem Falkensteiner Ufer. An einem Wochenendtermin lässt sich diese Tour auch wunderbar mit älteren Kindern durchführen. Solltest du bei dieser Tour 5-to-9 unterwegs sein, vergiss deinen Wecker nicht.

Raus aus der Stadt in nur ein paar Stunden: das Falkensteiner Ufer

Wandere von allen Endstationen der Hamburger S-Bahn zum Rathausmarkt

Das Geniale an diesen Touren ist, dass du sie zu jeder Zeit absolvieren kannst. Wann immer du Lust auf ein Abenteuer hast, reicht es aus, deinen Rucksack zu packen, in die erste S-Bahn zu steigen, die kommt, und loszufahren. Die kürzeste S-Bahn-Tour beginnt in Poppenbüttel. Für die rund 16 Kilometer benötigst du maximal drei Stunden. Für die Touren von Aumühle (28 Kilometer) und Stade (40 Kilometer) brauchst du schon etwas mehr Ausdauer, da du zwischen sechs und acht Stunden unterwegs bist. Willst du bei der Stade-Tour komplett auf den Einsatz einer Fähre verzichten, musst du sogar noch einmal 12 Kilometer, also circa zwei Stunden, mehr einplanen. Wenn du keine Lust auf eine Tagestour hast und fit genug bist, kannst du Touren auch direkt nach deiner Arbeit starten und in eine Nachtwanderung übergehen lassen. Vorausgesetzt, du startest bereits um 18 Uhr an deinem Ausgangspunkt, kannst du den Rathausmarkt von Aumühle aus bereits gegen Mitternacht erreichen. Die Tour von Stade solltest du allerdings etwas eher starten, da du die letzte Fähre ab Finkenwerder erwischen musst (gegen 23 Uhr). Statt zum Rathausmarkt kannst du natürlich auch direkt nach Hause wandern, was die Tour entsprechend verkürzt oder verlängert. Solltest du eine Übernachtung einplanen, drehe die Touren einfach um und mache so ein komplettes 5-to-9-Abenteuer daraus. In der Regel findet sich kurz vor den Ortschaften der S-Bahn-Endhaltestellen immer ein Plätzchen, an dem du biwakieren kannst.

Das Hamburger Rathaus: Zielpunkt deiner S-Bahn-Wanderungen

Pinneberg

Besonderheiten: Anfangs noch ein wenig ländlich, nach 8 Kilometern dann nur noch urban. **Wie lange dauert's?** Circa 4 Stunden für 22 Kilometer. **Wo geht's los?** An der S-Bahn-Station Pinneberg. **Wie kommt man hin?** S3 Pinneberg. **Was muss mit?** Nichts Besonderes. **Online oder offline?** Online. **Übernachtung ja/nein?** Nur, wenn du Ziel- und Startpunkt der Tour umdrehst.

Wedel

Besonderheiten: Vor allem der Anfang des Weges ist Erholung pur. Lediglich das Heizkraftwerk Wedel stört die Elbidylle deutlich. Ab dem Falkensteiner Ufer wird die Tour dann immer urbaner. **Wie lange dauert's?** Circa 4 Stunden für 22 Kilometer. Die Tour eignet sich auch sehr gut für eine Nachtwanderung. Einfach eine späte oder die letzte S-Bahn nehmen und nach Hause laufen. **Wo geht's los?** An der S-Bahn-Station Wedel. **Wie kommt man hin?** S1 Wedel. **Was muss mit?** Nichts Besonderes. In der Nacht benötigst du eine Taschenlampe. **Online oder offline?** Offline möglich. Es geht im Grunde genommen immer an der Elbe entlang. **Übernachtung ja/nein?** Nur, wenn du Ziel- und Startpunkt der Tour umdrehst.

Stade

Besonderheiten: Sehr lange, kräftezehrende Tour. Ohne Fähre kommen sogar noch einmal 12 Kilometer hinzu. Dafür bist du aber vollkommen frei in deiner Zeiteinteilung und musst dich nicht nach irgendwelchen Fahrplänen richten. **Wie lange dauert's?** Für die längste S-Bahn-Tour musst du zwischen 8 und 10 Stunden einplanen. Je nachdem, ob du mit oder ohne Fähre planst, sind es zwischen 40 und 52 Kilometer. **Wo geht's los?** An der S-Bahn-Station Stade. **Wie kommt man hin?** S3 Stade. **Was muss mit?** Proviant. Sonst wird die Tour zur echten Quälerei. **Online oder offline?** Online. Falls du die Fähre verpasst und improvisieren musst. **Übernachtung ja/nein?** Nur, wenn du Ziel- und Startpunkt der Tour umdrehst.

Poppenbüttel

Besonderheiten: Landschaftlich ist vor allem das erste Stück an der Alster entlang sehr reizvoll. Spätestens ab der Bebelallee tauchst du dann jedoch wieder mehr und mehr in das Stadtleben ein.

Wie lange dauert's? Circa 3 Stunden für 16 Kilometer. Die Tour kann man daher auch unter der Woche nach der Arbeit spontan laufen. **Wo geht's los?** An der S-Bahn-Station Poppenbüttel. **Wie kommt man hin?** S1/11 Poppenbüttel. **Was muss mit?** Nichts Besonderes. **Online oder offline?** Online. **Übernachtung ja/nein?** Nur, wenn du Ziel- und Startpunkt der Tour umdrehst.

Aumühle

Besonderheiten: Die vielleicht angenehmste S-Bahn-Tour mit einer schönen Länge und viel Grün. Nach gut 2,5 Stunden erreichst du Billstedt und tauchst in die urbanen Welten Hamburgs ein. **Wie lange dauert's?** Circa 5 bis 6 Stunden für 28 Kilometer. **Wo geht's los?** An der S-Bahn-Station Aumühle. **Wie kommt man hin?** S21 Aumühle. **Was muss mit?** Blasenpflaster. **Online oder offline?** Online. Aber auch offline möglich, die Navigation ist nicht so kompliziert. **Übernachtung ja/nein?** Nur, wenn du Ziel- und Startpunkt der Tour umdrehst.

Tipp: Die Touren von Aumühle und Stade eignen sich sehr gut als Trainingseinheiten für den Megamarsch (siehe S. 107f.).

Erlebe, wie Hunderte Sternschnuppen auf die Erde regnen

Über das ganze Jahr verteilt lassen sich zu bestimmten Zeiten am Nachthimmel sogenannte Sternschnuppenregen beobachten. Am bekanntesten sind die Perseiden zwischen Juli und August und die Leoniden im November. Dabei handelt es sich um Meteoritenschauer – kleine Steinchen, die in der Erdatmosphäre verglühen. Zu

Mehrmals im Jahr raus zum Sternschnuppengucken

»Spitzenzeiten« kannst du bei einem Meteoritenschauer pro Stunde weit mehr als 100 Sternschnuppen beobachten. Die beste Beobachtungszeit ist in der Zeit vor der Dämmerung. Das heißt, dass du entweder früh aufstehen oder die Nacht draußen verbringen musst. Aufgrund der Lichtverschmutzung gibt es in Hamburg selbst keine guten Plätze zum Sternschnuppengucken. Du musst dich also aufs Rad schwingen und ein bisschen hinausradeln. Zum Beispiel ins Naturschutzgebiet Moorgürtel. Dort gibt es einen Beobachtungsstand des Naturschutzbundes für Vögel, den man in einer Nacht sicher auch einmal zum Sternschnuppenschauen benutzen darf. Auch in der Fischbeker Heide ist es wesentlich dunkler als in der Stadt. In nordwestlicher Richtung könnte Rissen (dort liegt auch das Wildgehege Klövensteen) dein Ziel sein. Dorthin kommst du vom Zentrum in nur einer Stunde mit dem Rad. Zappenduster ist es im Norden Hamburgs leider fast nirgendwo. Am ehesten kannst du dein Sternschnuppenglück noch zwischen Tangstedt und Bargteheide versuchen (circa eineinhalb Stunden mit dem Rad). Richtung Osten musst du bis Brunsbek radeln (circa eineinhalb Stunden), um der Lichtverschmutzung der Stadt einigermaßen zu entfliehen. Ein besonders schöner Ort, weil er eine gute Rundumsicht garantiert, ist der Müllberg Hummelsbüttel in Brunsbüttel.

Wichtig: Wo die Sternschnuppen genau zu sehen sind, verrät dir der sogenannte Radiant. Das ist der scheinbare Ausstrahlungspunkt am Himmel, in dem die Sternschnuppen entstehen. Um ihn zu finden, kann man sich in der Regel an Tierkreiszeichen orientieren. Hier eine Übersicht der lohnenswertesten Sternschnuppen-Events im Jahr:

Monat	bekannt als	Zeitraum	Höhepunkt	Radiant
		Sternschnuppen-Jahreskalender		
Januar	Quadrantiden	28.12. bis 12.1.	in der Nacht des 3.1.	im Sternbild des Bärenhüters
April	Lyriden	14.4. bis 30.4.	in der Nacht des 22.4.	im Sternbild Leier
Mai	Eta-Aquariiden	19.4. bis 28.5.	in der Nacht des 6.5.	im Sternbild Wassermann
Juni	Arietiden	14.5. bis 24.6.	in der Nacht des 7.6.	im Sternbild Widder
Juli	Delta-Aquariiden	12.7. bis 23.8.	in der Nacht des 30.7.	im Sternbild Wassermann
August	Perseiden	17.7. bis 24.8.	in der Nacht des 12.8.	im Sternbild Perseus
November	Leoniden	6.11. bis 30.11.	in der Nacht des 17.11.	im Sternbild Löwe

Wie lange dauert's? 3 bis 4 Stunden, zuzüglich Hin- und Rückfahrt. **Wo geht's los?** Vor deiner Haustür. **Wie kommt man hin?** Mit dem Fahrrad zu deinem Aussichtspunkt (zum Beispiel auf dem Müllberg Hummelsbüttel). **Was muss mit?** Je nach Jahreszeit eine warme Decke und eine Thermoskanne Kaffee. **Online oder offline?** Online, um den Radianten zu finden. **Übernachtung ja/nein?** Möglich.

Besonderer Ort

48

Herbst Sommer

Verbringe ein Wochenende auf der Elbinsel Lühesand

Der Campingplatz in Lühesand ist der perfekte Ort, um ein ganzes Wochenende lang in der Natur auszuspannen. Ob du hinwanderst, mit dem Fahrrad oder per Kanu oder SUP anreist, bleibt dir überlassen. Vor allem die Anreise mit dem SUP lässt dieses Mikroabenteuer auch zu einem perfekten 5-to-9-Erlebnis werden, da du nicht auf Fährzeiten angewiesen bist und dich in der Früh rechtzeitig auf den Weg machen kannst. Allerdings hast du dann mit SUP und Zelt auch ganz ordentlich zu tragen. Deine Belohnung: Ein fantastischer Zelt-

Blick auf die Elbinsel Lühesand

platz mit Bäumen, Wiesen und Sträuchern, auf dem du garantiert ein abgeschiedenes Plätzchen findest, denn der große Platz ist nicht parzelliert. Die Hälfte der über 120 Hektar großen Insel darf übrigens nicht betreten werden, sondern gehört den Vögeln, die hier leben. Auch das trägt zur ursprünglichen Atmosphäre der Elbinsel Lühesand bei. Mehr Infos zum Zeltplatz findest du unter www.luehesand.de.

Wie lange dauert's? Ohne Zeitlimit. **Wo geht's los?** Vor deiner Haustür. **Wie kommt man hin?** Mit dem Fahrrad oder mit dem HVV (siehe www.luehesand.de/anfahrt). **Was muss mit?** Nichts Besonderes. **Online oder offline?** Offline. **Übernachtung ja/nein?** Ja.

Wandere zum Ursprung der Alster

Die Alster beschert den Hamburgern jede Menge Vergnügen, sei es auf, am oder sogar im Wasser. Die Füße im Wasser oder die Seele am Ufer baumeln lassen, joggen, paddeln, segeln, spazieren: Nichts muss, alles geht. Binnen- und Außenalster verleihen Hamburg erst dieses einmalige Flair, das die Stadt so besonders macht. Eine Wanderung zur Quelle des Glück spendenden Flusses gehört daher eigentlich zur Bürgerpflicht eines jeden Hamburgers. Vom Stadtzentrum aus führt die Tour Richtung Norden nach Eppendorf. Von dort geht es weiter Richtung Flughafen, den man links liegen lässt. Bereits hier läufst du über teils traumhaft schöne Wege (etwa den Wanderweg Tarpenbek), kehrst aber immer wieder in urbane Räume zurück, und das bis fast zum Ende des Weges. Dieser liegt im Quellmoor der Alster. Solltest du nach rund 30 Kilometern noch Kraft und Muße haben, kannst du das Moor ebenfalls erkunden und dir vielleicht sogar einen Biwakplatz suchen. Eine ebenfalls reizvolle, aber weitaus anstrengendere Variante ist der Weg über die Oberalster Richtung Duvenstedt. Bis zur Quelle sind es vom Stadtzentrum aus allerdings 50 Kilometer. Zurück geht es mit Bus und Bahn. Die Haltestelle Rhen Alsterquelle befindet sich nur 150 Meter vom Ziel der Tour entfernt.

Wie lange dauert's? Circa 5 bis 6 Stunden, zuzüglich Rückfahrt. **Wo geht's los?** Vor deiner Haustür oder auf dem Rathausmarkt. **Was muss mit?** Eine Flasche

Auf dem Weg zur Alsterquelle

Alsterwasser, die am Ziel geleert wird. **Online oder offline?** Online, wenn du dich nicht verlaufen willst. **Übernachtung ja/nein?** Möglich.

Übernachte auf dem Hasselbrack

Hamburg und seine Berge: Obwohl die Stadt nicht wirklich platt ist (einfach mal wieder eine Runde durchs Treppenviertel joggen!), fehlt es dennoch an größeren Aussichtspunkten. Die wenigen Ausnahmen sind schnell aufgezählt. Der 87 Meter »hohe« Waseberg ist vor allem für passionierte Radfahrer eine Herausforderung, können sie sich doch hier an einer Steigung von durchschnittlich 10 Prozent (in der Spitze 16 Prozent) quälen. Recht schön gelegen ist der Müllberg Hummelsbüttel, dem man seine Entstehungsgeschichte gar nicht mehr ansieht und der sich aufgrund seines nach allen Himmelsrichtungen offenen Panoramas gut zum Sternschnuppengucken eignet. Das kann man auf dem 63 Meter hohen Mellenberg bei Volksdorf eher nicht, da die lichte Bewaldung den Blick in den Himmel versperrt. Zu guter Letzt gibt es dann noch Hamburgs höchste Erhebung, den Hasselbrack. Der bringt es immerhin auf 116 Meter. Ein Granitstein markiert den höchsten Punkt und ins »Gipfelbuch« kann man sich auch eintragen. Der Hasselbrack gehört zu den Harburger Bergen, zu denen auch die Fischbeker Heide gehört. Schöne Stellen zum Biwakieren findet man direkt im Wald in Gipfelnähe. Mit dem Fahrrad ist der »Berg« vom Stadtzentrum aus in gut zwei Stunden zu erreichen.

Wie lange dauert's? Von 5-to-9. **Wo geht's los?** Vor deiner Haustür. **Wie kommt man hin?** Am besten mit dem Fahrrad in 1,5 Stunden. **Was muss mit?** Frühstück. **Online oder offline?** Hin offline (du hast schließlich alle Zeit der Welt), zurück online (du musst ja so schnell wie möglich zurück ins Büro).

Das »Gipfelkreuz«
auf dem
Hasselbrack

Schaue bei einer Übernachtung im Wald einen Horrorfilm

Normalerweise solltest du bei deinen Mikroabenteuern auf Medienkonsum verzichten. Bei diesem nicht. Such dir einen Horrorfilm deiner Wahl, überspiele ihn auf ein Tablet oder Notebook und packe es ein. Anschließend geht es ab in den Wald. Suche dir nun eine schöne Stelle, an der du dein Biwak aufschlagen kannst. Warte ab, bis es wirklich dunkel ist. Im Sommer dürfte das erst gegen Mitternacht, also zur Geisterstunde, der Fall sein. Starte dann mit deiner privaten Grusel-Session. Wenn du dich für *The Blair Witch Project* entscheidest, dürftest du in dieser Nacht vermutlich gar nicht mehr schlafen. Eine Empfehlung hat sich auch *A Quiet Place* verdient. Oder die Zombieapokalypse *It Comes At Night*. Ob du bei letzterem Film die Nacht draußen allerdings wirklich durchhältst? Probier's aus!

Wie lange dauert's? Ohne Zeitlimit. **Wo geht's los?** Zum Beispiel im Gespensterwald Nienhagen (siehe S. 134ff.). **Wie kommt man hin?** Mit Bahn und Bus ab Hamburg Hauptbahnhof in circa 3,5 Stunden. **Was muss mit?** Deo gegen den Angstschweiß. **Online oder offline?** Offline. **Übernachtung ja/nein?** Ja.

Tipp: In deiner ersten Nacht draußen im Wald solltest du auf den Horrorfilm besser noch verzichten. Wobei … mach es doch einfach, wenn du Lust darauf hast!

Verdiene dir das Geld für dein nächstes Mikroabenteuer auf der Straße

Mikroabenteuer können durchaus ein bisschen ins Geld gehen: Kosten für Fahrkarten, Ersatz für verschlissene Ausrüstung (warum gehen eigentlich Fahrradschläuche trotz Unplattbar-Technologie so oft kaputt?), die Gebühren, falls man doch einmal auf dem Zeltplatz landet. Wie wäre es, wenn du dir dein Geld für dein nächstes Abenteuer auf der Straße verdienen würdest? Setze dir ein Ziel, wie viel Geld du einsammeln willst. 20 Euro sollten ein guter Start sein. Aber auch 40 oder 50 Euro können durchaus zusammenkommen, je nachdem, wie viel Talent du mitbringst. Nun musst du dir überlegen, wie du an das Geld kommst. Als Straßenmusiker? Oder als Straßenclown? Tritt mit einer Tanzperformance auf oder als Zauberer. Verkaufe selbst gemachte Limonade (vergiss nicht, die Kosten für den Wareneinsatz von der eingenommenen Summe abzuziehen!). Lese den Leuten aus der Hand. Stelle dich vor den Supermarkt und biete Kunden an, ihre schweren Taschen nach Hause zu tragen – für 30 Cent. Ich bin sicher, dass die Vorstellung, in der Öffentlichkeit aufzutreten, vielen peinlich ist. Vielleicht auch dir. Genau darum ist dies jedoch auch ein kleines großes Abenteuer. Deiner Kreativität sind hierbei keine Grenzen gesetzt.

Wie lange dauert's? Ohne Zeitlimit. **Wo geht's los?** Vor deiner Haustür. **Online oder offline?** Offline. Es sei denn, du brauchst dein Smartphone für deine Performance.

Magische Straßen-
kunst: Die drei haben
den Dreh raus!

Genieße den Sonnenaufgang auf dem Dockland

Besonderer Moment

5 to 9

Winter | Frühling
Herbst | Sommer

Schon komisch: Obwohl jeder Stadtmensch die Möglichkeit hat, dieses kleine Mikroabenteuer beinahe täglich zu erleben, machen es die wenigsten. Zumindest nicht bewusst. Maximal passiert es, dass man nach einer Party in einem Klub tatsächlich erst im Morgengrauen nach Hause geht und erlebt, wie die Häuserschluchten im Schein der Morgensonne zu leuchten beginnen. Ganz anders ist jedoch der Eindruck, wenn man extra in der Früh aufsteht, sich einen guten Aussichtspunkt sucht und von dort aus dem majestätischen Moment

Sunrise-Spotting auf dem Dockland

beiwohnt, wie sich die Sonne am Horizont erhebt. Das ist vor allem im Juni ein Spektakel. Dann nämlich findet der Sonnenaufgang zwischen 4:51 und 4:59 Uhr statt. Im Januar darf man dagegen ein bisschen länger schlafen und muss erst zwischen 8:08 und 8:37 Uhr seinen Aussichtspunkt erreicht haben. Dann tummeln sich jedoch auch schon die ersten Jogger und Frühschichtler in der Stadt. Ein gut zu erreichender zentraler Punkt zum Sunrise-Spotting ist das frei zugängliche Dach des Dockland-Bürogebäudes im Zentrum. Je nachdem, wo du wohnst, kannst du entweder mit dem Rad oder aber – was ich empfehlen würde – zu Fuß zum Dockland wandern. Danach geht's unter der Woche gleich ins Büro.

Wie lange dauert's? Circa 1 Stunde, zuzüglich An- und Abfahrt. **Wo geht's los?** Vor deiner Haustür. **Wie kommt man hin?** Am besten mit dem Fahrrad. **Was muss mit?** Eine Thermoskanne mit warmem Kaffee. Und vielleicht noch ein paar Kekse. **Online oder offline?** Offline.

Entdecke Hamburg per Zufall

Dieses Mikroabenteuer ist reine Kopfsache. Du musst einfach nur vor die Tür gehen und den Zufall entscheiden lassen, wohin es geht. Das kannst du mit einem selbst gebastelten Würfel machen, auf dem Pfeile in verschiedene Richtungen zeigen. Oder mit einem herkömmlichen Spielwürfel, wobei du festlegen kannst, was bei welcher Zahl passiert. Gewürfelt wird an Kreuzun-

Wohin führt dich der Zufall in Hamburg?

gen oder Weggabelungen. Da das in manchen Quartieren mit kleinen Häuserblöcken ziemlich ermüdend sein kann, kannst du auch nur an jeder zweiten oder dritten Kreuzung die Richtung ändern. Doch wie gestaltet man die Zufallsregeln am besten? Die Zahlen 1 und 2 können zum Beispiel für den Weg nach rechts stehen. Die Zahlen 3 und 4 für den Weg geradeaus. Die Zahlen 5 und 6 für den Weg nach links. Zurück geht es in keinem Fall. Damit du nicht im Kreis läufst, gilt zusätzlich folgendes Prinzip: Hat dich der Zufall nach links geschickt, ist diese Option an der nächsten Kreuzung gesperrt. Du würfelst so lange weiter, bis es entweder geradeaus oder nach rechts geht. Bei Weggabelungen, an denen es nicht in alle Richtungen, sondern zum Beispiel nur in zwei Richtungen geht, entscheiden die Zahlen 1 bis 3 für die eine, die Zahlen 4 bis 6 für die andere Richtung. Statt eines Würfels kannst du aber auch einfach dieses Buch benutzen, um Hamburg per Zufall zu entdecken. Lege es auf einfach auf einen ausgebreiteten Stadtplan und markiere alle vier Eckpunkte des Buches auf der Karte. Verbinde die Punkte, und fertig ist deine Tour, an der entlang du dich auf den Weg machst. Es geht bei diesem Mikroabenteuer darum, auf Wegen zu gehen, die du sonst nicht gehst, und Seiten Hamburgs zu entdecken, die dir sonst verborgen bleiben. Es geht nicht darum, möglichst schnell voranzukommen. Im Gegenteil: Nimm dir Zeit, dich umzuschauen, und lege dort, wo es dir gefällt, Pausen ein.

Wie lange dauert's? Ohne Zeitlimit. Laufe mindestens 2 Stunden. **Wo geht's los?** Vor deiner Haustür. **Was muss mit?** Geld fürs Ticket zurück. **Online oder offline?** In der Regel offline, für die Navigation sorgen schließlich deine Regeln oder der Würfel. Falls dir der Würfel oder der Stadtplan zu unpraktisch sind, kannst du auch eine Zufallsgenerator-App auf deinem Smartphone benutzen, um deinen Weg zu bestimmen. **Übernachtung ja/nein?** Nein.

Besonderer Ort

24

Winter Frühling Herbst Sommer

Verbringe die Zeit von Sonnenaufgang bis Sonnenuntergang an ein und demselbem Ort in Hamburg

Auch bei diesem Mikroabenteuer hast du die Gelegenheit, Hamburg von einer neuen Seite kennenzulernen. Idealerweise legst du das Abenteuer in den Sommer, um einen möglichst langen Tag mit ganz unterschiedlichen Eindrücken zu erleben. Welche das sind, hängt natürlich ganz von der Wahl des Ortes ab. Besonders gut eignen sich Plätze, große Straßen oder Märkte. Spannend ist zum Beispiel die Fischmarkthalle. Oder der Platz vor den Deichtorhallen. Mach es dir entweder auf einer Bank oder an einer Häuserwand bequem und verfolge, wie sich das Treiben dort Stunde um Stunde verändert. Ganz wichtig ist: Rühre dich selbst nicht vom Fleck. Bei dieser Challenge geht es darum, dass du dich ganz auf deine Umgebung einlässt und in den Lebensrhythmus der Stadt eintauchst. Nimm dir am besten ein Notizbuch mit, um deine Eindrücke festzuhalten. Weitere spannende Orte für diese Challenge sind:

- die Landungsbrücken,
- der Großmarkt,
- das Künstlerprojekt Park Fiction,
- die Reeperbahn,
- der Altonaer Balkon,
- die HafenCity,

Immer was los: das Outdoor-Kunstprojekt Park Fiction

Das Treiben am Hafen einen Tag lang verfolgen

- der Rüschpark in Finkenwerder,
- die Kreuzung Hohenzollernring/Beringstraße,
- der Platz vor der Universität,
- der Park Planten un Blomen.

Entdecke die Artenvielfalt im Schnaakenmoor

Besonderer Ort

24

Winter | Frühling
Herbst | Sommer

Moorlandschaften haben immer etwas Unheimliches an sich. Ein falscher Schritt, und schon kann es um einen geschehen sein ... Das Schnaakenmoor liegt im Nordwesten Hamburgs, mitten im Forstrevier Klövensteen. Und selbstverständlich gibt es gut befestigte Wege, die durch die verwunschene Landschaft führen. Die Großstadt Hamburg könnte an diesem Ort nicht weiter entfernt sein. Und so ist es wohl auch kein Wunder, dass sich hier eine bemerkenswerte Artenvielfalt entwickelt hat. Sogar seltene Tierarten, die in der Roten Liste als gefährdet oder stark gefährdet aufgeführt sind, zählen zum Bestand des Moors. Dazu gehören zum Beispiel die Kreuzotter, der Moorfrosch, die Kreuz- und die Knoblauchkröte.

Wie lange dauert's? Ohne Zeitlimit. **Wo geht's los?** Ab der S-Bahn-Station Rissen. **Wie kommt man hin?** Mit der S1 ab Hamburg Hauptbahnhof in 35 Minuten bis Rissen. Das Schnakenmoor erreicht man von dort aus in einer halben Stunde zu Fuß. **Was muss mit?** Ein Fernglas, um die Tiere im Moor zu beobachten. **Online oder offline?** Online.

Besondere Challenge

24

Frühling
Sommer
Herbst

Wandere nur mit Kompass und Karte

Klingt leicht? Ist es aber nicht. Bevor es losgeht, musst du nämlich eine Tour finden, auf der dir nicht ständig Schilder den Weg weisen. Mein Tipp: Suche dir zwei Städte, die gut mit der Bahn zu erreichen sind und die zwischen 20 und 40 Kilometer weit auseinanderliegen. Zum Beispiel Nortorf und Rendsburg oder – als längere Variante – Neumünster und Rendsburg. Anschließend kaufst du dir eine Landkarte und ziehst eine direkte

Schwieriger als gedacht:
Wandern mit Kompass
und Karte

Linie zwischen diesen beiden Städten. Versuche nun, so nah wie möglich entlang dieser Luftlinie zu laufen. Idealerweise marschierst du querfeldein. Im vorgeschlagenen Fall werden dir die Moorflächen einiges Kopfzerbrechen bereiten. Im Wald ist das Querfeldeinlaufen dagegen oft noch ganz gut möglich. Allerdings kann dir tiefes Unterholz das Vorankommen sehr erschweren. In diesem Fall solltest du immer schauen, wie weit die Strecke durch den Wald geht, bis du den nächsten richtigen Weg erreichst. Über das Feld eines Bauern solltest du dagegen nicht laufen. Wann immer du gezwungen bist, einen Umweg zu laufen, gilt es für dich, den kürzesten Weg zu finden, ohne deine Luftlinie aus den Augen zu verlieren. Du wirst sehen: Das Wandern abseits markierter Wege fühlt sich vollkommen anders an als das klassische Wandern. Und mehr als einmal wirst du dir die Frage stellen: Mist, wo bin ich denn hier gelandet? Wie schon erwähnt, musst du davon ausgehen, dass du ohne fixe Orientierung und abseits normaler Wege nicht so schnell vorankommst wie sonst. Idealerweise hast du deine Biwakausrüstung dabei. Dauert die Tour länger als geplant, kannst du so überall ein Nachtlager aufschlagen.

Wie lange dauert's? Für die Wanderung zwischen Nortorf und Rendsburg musst du mit mindestens 5 Stunden für 20 Kilometer rechnen. **Wo geht's los?** An der Bahnstation Nortorf. **Wie kommt man hin?** Mit der Bahn ab Hamburg Hauptbahnhof in gut 1 Stunde. **Was muss mit?** Kompass und Karte und ein guter Orientierungssinn. **Online oder offline?** Offline. **Übernachtung ja/nein?** Theoretisch möglich. Mein Tipp für einen schönen Biwakplatz ist das Kanalufer des Nord-Ostsee-Kanals auf Höhe des Gerhardsheins.

Laufe zu Fuß zur Insel Neuwerk

Besondere
Challenge

24

Frühling
Herbst

Die Insel Neuwerk liegt vor Cuxhaven und ist bei Ebbe von Sahlenburg und Duhnen aus zu Fuß zu erreichen. Der Weg von Sahlenburg ist mit 10 Kilometer Länge etwas kürzer. Du benötigst je nach Wattbeschaffenheit zwischen zweieinhalb und drei Stunden. Für die 12 Kilometer ab Duhnen solltest du drei bis dreieinhalb Stunden einplanen. Im Sommer sind beide Routen nicht zu verfehlen, da auf dem Watt ordentlich was los ist und lauffaule Gemüter sogar in Kutschen bis nach Neuwerk gebracht werden. Läufst du dagegen im Frühjahr oder im Herbst (oder bereits in aller Herrgotts-

> Dank der Gezeiten
> auch zu Fuß zu erreichen:
> die Insel Neuwerk

frühe), wird die Wanderung vielleicht sogar zu einem einsamen Abenteuer. Die Wege sind markiert, weshalb du dich kaum verlaufen kannst. Vorsicht ist dennoch geboten, da Wetterumschwünge inklusive Seenebel das Wandern zur Qual machen. Auch Schnittverletzungen durch scharfkantige Muscheln am Fuß haben schon so manchem Barfußwanderer einen Strich durch die Rechnung gemacht. Auf Neuwerk gibt es übrigens sogar die Möglichkeit zu campen (www.husachterndiek.de), sodass du am Abend nicht notwendigerweise zurück nach Hause musst, sondern mit den wenigen verbliebenen Gästen die Einsamkeit auf der Insel mitten im Meer genießen kannst.

Wie lange dauert's? Circa 2 bis 3 Stunden, zuzüglich Rückweg. **Wo geht's los?** Ab Sahlenburg. **Wie kommt man hin?** Mit Bahn und Sammeltaxi ab Hamburg Hauptbahnhof bis Sahlenburg. **Was muss mit?** Verband und Pflaster, falls du auf eine scharfe Muschel trittst. Oder du wanderst gleich in Gummistiefeln durchs Watt. **Online oder offline?** Online. Sicher ist sicher. **Übernachtung ja/nein?** Möglich.

Mach mit beim Megamarsch über 100 Kilometer

Immer Anfang April findet der Megamarsch Hamburg statt. Die Tour folgt dem 2. Grünen Ring, der rund 100 Kilometer lang ist. Die Strecke ist sehr abwechslungsreich. Mal geht es auf Asphaltwegen durch die Stadt,

dann wieder auf Schotterwegen durch grüne Naturlandschaften. Vor allem die Teilstrecken auf Asphalt fordern den Gelenken alles ab. Los geht es um 12, 14 oder 16 Uhr. Entlang der Wegstrecke sind alle 20 Kilometer Verpflegungsstationen eingerichtet. Die Teilnahmegebühr beträgt stolze 65 Euro. Eine Menge Geld. Doch das Erlebnis, gemeinsam mit Hunderten anderen Teilnehmern die 100 Kilometer in Angriff zu nehmen, ist es wert. Wer sich das Geld sparen will, findet die Daten für die Hamburg-Route auch auf www.megamarsch.de. Für eine Tour auf eigene Faust spricht auch das frühe Datum der Veranstaltung. Die Nächte im April sind in der Regel noch ziemlich kalt, was den Megamarsch zu einer zusätzlichen Herausforderung macht. Während man 40 bis 50 Kilometer bei guter Fitness ohne Probleme hinbekommt, muss man für die 100 Kilometer vorher trainieren und wenigstens einmal bis zu 70 Kilometer gelaufen sein.

Wie lange dauert's? Im besten Fall 24 Stunden. **Wo geht's los?** Am Hein-Saß-Weg (Rüschpark). **Wie kommt man hin?** Vom Hauptbahnhof mit der S1 bis Flottbek. Dort in den Bus 286 nach Falkenstein umsteigen und bis Teufelsbrücke fahren. Von dort geht es mit der Fähre 64 bis Rüschpark. **Was muss mit?** Gut trainierte Füße, Tape, um Blasen abzukleben, und ein Partner, mit dem du dich stundenlang unterhalten kannst (das lenkt von den Fußschmerzen ab). **Online oder offline?** Online. Zwar hat man immer andere Mitläufer im Blick, aber wer weiß, ob die noch genügend Sauerstoff im Gehirn haben, um den richtigen Weg zu wählen? **Übernachtung ja/nein?** Die Nachtwanderung ist der beste Teil der Tour. Danach beginnt die Quälerei.

Halte in den Morgenstunden nach Venus, Jupiter, Mars und Saturn Ausschau

Auf mich haben Planeten eine ungeheure Faszination. In der Stadt sieht man allerdings kaum etwas vom Nachthimmel. Dazu ist die Lichtverschmutzung einfach zu hoch. Wenn du deine ersten Nächte draußen verbracht hast, wirst du den Sternenhimmel wieder mit ganz anderen Augen sehen. Stelle einen deiner Ausflüge doch einmal ganz unter das Motto Planetenbeobach-

Jupiter im
Teleskop
betrachtet

109

tung. Schon mit einem guten Fernglas kannst du die wichtigsten Planeten des Sonnensystems entdecken. Mit einer 25er-Vergrößerung kannst du sogar am Saturn schon richtig gut die Ringe erkennen. Nennst du ein Teleskop (ab 70er-Vergrößerung) dein Eigen (oder borgst es dir von einem Freund oder Kollegen), siehst du am Jupiter sogar den roten Fleck und die Wolkenstreifen. Einsteigerteleskope sind erstaunlich klein und können problemlos in einem Rucksack transportiert werden. Um einen guten Beobachtungsplatz in deiner Nähe zu finden, empfiehlt sich ein Blick auf die Luftverschmutzungskarten auf www.blue-marble.de. Dort kannst du sehen, wie hell es in Hamburg selbst in der Nacht ist, was eine Beobachtung von Planeten und Sternen so gut wie unmöglich macht. Dunkler wird es in der Regel erst, wenn du mit dem Fahrrad gut eine Stunde aus der Stadt hinausfährst. Lohnende Ziele sind die Fischbeker Heide oder das Schnaakenmoor bei Rissen. Wo du nach den Planeten suchen musst, verraten dir Himmelskarten oder eine Smartphone-App.

Wie lange dauert's? Ohne Zeitlimit. **Wo geht's los?** Vor deiner Haustür. **Wie kommt man hin?** Mit dem Fahrrad oder mit der Bahn. **Was muss mit?** Ein Fernglas oder noch besser ein Teleskop. **Online oder offline?** Online, um neben den Planeten auch noch andere Himmelsobjekte zu entdecken. **Übernachtung ja/nein?** Möglich, aber nicht zwingend.

10 Orte, die du 50 Kilometer von Hamburg entfernt erwandern kannst

Lange Märsche gehören zu meinen Lieblingsabenteuern. Ich finde es faszinierend zu sehen, wie weit man zu Fuß und ganz ohne technische Hilfsmittel kommen kann. Für 50 Kilometer braucht man ungefähr zehn Stunden. Wer um 6 Uhr morgens losmarschiert, hat sein Ziel also gegen 16 bis 17 Uhr erreicht und anschließend noch genügend Zeit, um mit Bus oder Bahn wieder zurückzufahren oder sich einen Ort zu suchen, an dem er übernachten kann (Camping/Biwak/Privatunterkunft). Hier eine Auswahl an Orten, die circa 50 Kilometer von Hamburg entfernt liegen und dich vielleicht zu einem Marsch inspirieren. Ausgangspunkt der Entfernungsmessung ist der Rathausmarkt. Die Touren führen in alle Himmelsrichtungen. Daher bist du von deiner Haustür aus mal mehr als 50 Kilometer unterwegs, mal weniger:

1. Bad Oldeslohe (circa 47 Kilometer)
2. Bad Bramstedt (circa 50 Kilometer)
3. Elmshorn (circa 41 Kilometer)
4. Stade (circa 40 Kilometer)
5. Harsefeld (circa 46 Kilometer)
6. Niendorf (circa 49 Kilometer)
7. Lüneburg (circa 56 Kilometer)
8. Lauenburg/Elbe (circa 51 Kilometer)
9. Schwarzenbek (circa 40 Kilometer)
10. Naturschutzgebiet Hahnheide (circa 40 Kilometer)

Wie lange dauert's? Circa 10 Stunden. **Wo geht's los?** Vor deiner Haustür. **Wie kommt man hin**? Einfach loslaufen. Zurück geht es mit Bus und Bahn in circa 1 Stunde. **Was muss mit?** Nichts Besonderes. Solltest du vor Ort übernachten wollen, die entsprechende Ausrüstung. **Online oder offline?** Online, für eine sichere Navigation. **Übernachtung ja/nein?** In der Regel möglich (Biwak/Zeltplatz).

Tipp: Du kannst diese Touren auch einfach umkehren, also erst die 50 Kilometer aus der Stadt heraus fahren und dich dann von dort aus auf dem Weg zurück nach Hamburg machen. Ich finde es oft motivierender, sich das eigene Zuhause als Ziel zu setzen, denn dadurch gibt man nicht so schnell auf. Außerdem erspart man sich so auch die Rückfahrt in der Bahn, die nach einer schweißtreibenden 50-Kilometer-Wanderung sowohl für die Mitfahrer als auch für einen selbst nicht immer ein Zuckerschlecken ist.

Zu Fuß
nach
Lüneburg

10 Orte, die du 75 Kilometer von Hamburg entfernt erwandern kannst

An die 50-Kilometer-Marke tastet man sich – normale Fitness vorausgesetzt – erstaunlich schnell heran. Die nächsten 25 Kilometer bis zur 75- Kilometer-Marke bedeuten jedoch eine richtige Quälerei. Dafür wird man jedoch mit einigen spektakulären Zielen belohnt, wie beispielsweise Zarrentin am Schaalsee, Lübeck, Ratzeburg oder Eulenspiegelstadt. Einige davon liegen sogar unter der 75-Kilometer-Marke. Mit einem Schnitt von 5 Stundenkilometern kommst du in circa 15 Stunden an dein Ziel. Du solltest daher schon gegen 4 Uhr morgens losgehen, um dein Ziel gegen 19 bis 20 Uhr zu erreichen. Pack sicherheitshalber ein Notfallbiwak ein, falls es an einer Stelle für dich doch nicht weitergeht. Auch hier wurde die Entfernung ab dem Rathausmarkt ermittelt. Los geht's:

1. Eulenspiegelstadt (circa 60 Kilometer)
2. Lübeck (circa 72 Kilometer)
3. Ratzeburg (circa 73 Kilometer)
4. Bremervörde (circa 69 Kilometer)
5. Rotenburg an der Wümme (circa 76 Kilometer)
6. Zarrentin am Schaalsee (circa 81 Kilometer)
7. Boizenburg/Elbe (circa 64 Kilometer)
8. Schneverdingen (circa 64 Kilometer)
9. Itzehoe (circa 66 Kilometer)
10. Neumünster (circa 73 Kilometer)

Schaffst du es
auch bis nach
Lübeck?

Wie lange dauert's? Circa 15 Stunden. **Wo geht's los?** Vor deiner Haustür. **Wie kommt man hin?** Einfach loslaufen. Zurück geht es mit Bus und Bahn in circa 1 bis 1,5 Stunden. **Was muss mit?** Ausdauer, Notfallbiwak und ein guter Freund, mit dem man sich hin und wieder unterhalten kann. **Online oder offline?** Online. Es navigiert sich einfach leichter. **Übernachtung ja/nein?** In der Regel möglich (Biwak/Zeltplatz).

Besondere Challenge

24

Winter Frühling Herbst Sommer

10 Orte, die du 100 Kilometer von Hamburg entfernt erwandern kannst

Einen Marsch über 100 Kilometer macht man nicht einfach mal so. Und schon gar nicht jedes Wochenende. Ziele wie Cuxhaven oder Kiel sind jedoch unheimlich motivierend. Allerdings wirst du für diese Tour eine ganze Weile trainieren müssen. In dieser Zeit lernst du vor allem deine Füße von einer ganz neuen Seite kennen. Ich zum Beispiel musste schmerzhaft erfahren, dass mein kleiner Zeh am linken Fuß quasi eine Blasen-Gebärmaschine ist – unabhängig davon, mit welchem Schuh beziehungsweise ob ich mit oder ohne Tape laufe. Bei der 100-Kilometer-Strecke kommst du um eine Nachtwanderung nicht herum. Meine Lieblingstour: mit dem Zelt am Freitagabend nach Kiel. Dort übernachtest du auf einem der zahlreichen Campingplätze (zum Beispiel auf dem Campingplatz Möltenort) und fährst am Sonntagabend entspannt wieder nach Hause. Auch bei anderen

Harte Tour: 100 Kilo-
meter nach Bremen
wandern

100-Kilometer-Zielen findest du schöne Gelegenheiten zum Zelten oder biwakieren. Ausgangspunkt der Entfernungsmessung war auch hier der Rathausmarkt. Da einige Touren jedoch deutlich über der 100-Kilometer-Marke liegen, empfehle ich dir, dem Ziel ein Stück mit der S-Bahn entgegenzufahren. Von Buxtehude aus sind es bis Bremerhaven dann zum Beispiel »nur« noch 101 Kilometer und bis Bremen sogar »nur« noch 94 Kilometer. Also, auf geht's:

1. Kiel (circa 105 Kilometer)
2. Bremerhaven (circa 112 Kilometer)
3. Cuxhaven (circa 110 Kilometer)
4. Bremen (circa 120 Kilometer)
5. Hermannsburg (circa 105 Kilometer)
6. Uelzen (circa 99 Kilometer)
7. Hitzacker (Elbe) (circa 106 Kilometer)
8. Hagenow (circa 101 Kilometer)
9. Wittenburg (circa 93 Kilometer)
10. Rhena (circa 99 Kilometer)

Wie lange dauert's? Circa 24 Stunden. **Wo geht's los?** Vor deiner Haustür. **Wie kommt man hin?** Einfach loslaufen. Zurück geht es mit Bus und Bahn in circa 1,5 bis 2 Stunden. **Was muss mit?** Ausdauer und Willenskraft sowie Geld für ein Taxi, falls man nicht mehr laufen kann und nicht per Anhalter weiterkommt. **Online oder offline?** Online. Auf langen Strecken sollte man sich besser nicht verlaufen. **Übernachtung ja/nein?** Nein, du läufst in der Nacht.

Wandere durch den Segeberger Forst

Der Segeberger Forst ist das zweitgrößte zusammenhängende Waldgebiet in Schleswig-Holstein nach dem Sachsenwald. Abgesehen davon, dass es im Forst einen genialen Wildcampingplatz gibt (siehe S. 122), ist der Wald ein Paradies für Wanderer. Es gibt im Wald versteckte Seen und mit etwas Glücke Rehe oder Dachse zu entdecken. Oder du wanderst durch den Forst in Richtung Halloher Moor, wo du ein ursprüngliches Naturschutzgebiet vorfindest. Auch auf dem im Südosten gelegenen alten Truppenübungsplatz zeigt sich die Natur nach Jahren der Abschottung von ihrer wilden Seite. Immer wieder eröffnen sich auf dem Weg durch den Forst tolle Blicke über die hügelige Landschaft, in der sich Wald- und Heidegebiete ständig abwechseln.

Wie lange dauert's? Ohne Zeitlimit. **Wo geht's los?** Vor deiner Haustür. **Wie kommt man hin?** Mit dem Fahrrad in 3 Stunden. Oder aber mit Bahn und Rad in 2 Stunden ab Hamburg Hauptbahnhof über Bad Segeberg. **Was muss mit?** Biwakausrüstung. **Online oder offline?** Offline möglich, allerdings ist der Wald wirklich groß und um die versteckten Tümpel und Seen schneller zu finden, hilft dir dein Handy. **Übernachtung ja/nein?** Auf einem Wildcampingplatz im Wald möglich.

MIKRO ABENTEUER

mit dem Rad

Übernachte auf dem Wildcampingplatz in der Segeberger Heide

Das perfekte 5-to-9-Abenteuer, für das es keine Ausreden gibt. Nimm deine Ausrüstung (Zelt oder Biwak) mit ins Büro und setze dich nach Feierabend sofort aufs Rad. In drei Stunden erreichst du den Wildcampingplatz in der Segeberger Heide (siehe Google-Maps-Markierung). Der Platz befindet sich auf einer schönen Lichtung mitten im Wald. Es sind sogar einige Feuerstellen eingerichtet, sodass du dir ruhig ein paar Würstchen einpacken kannst, die du auf einem Grill (wer schleppt ihn mit?) braten kannst. Eigentlich ist offenes Feuer auf allen Wildcampingplätzen verboten. Hier befindet sich jedoch sogar ein Platz zum Entsorgen von Asche. Wann du am nächsten Morgen aufstehen musst, hängt davon ab, ob du in deinem Büro eine Dusche hast oder vorher noch mal nach Hause musst. Sagen wir mal, du möchtest um 8 Uhr wieder in Hamburg sein, dann sollte dein Wecker um kurz vor 5 Uhr klingeln. Weitere Wildcampingplätze findest du auf der Webseite der Initiative Wildes Schleswig-Holstein (www.wildes-sh.de). Dort werden insgesamt 19 Übernachtungsmöglichkeiten ausgewiesen.

Wie lange dauert's? Von 5-to-9. Am Wochenende gerne länger und entspannter. **Wo geht's los?** Vor deiner Haustür. **Wie kommt man hin?** Mit dem Fahrrad in 3 Stunden. **Was muss mit?** Biwak oder Zelt plus ein leckeres Abendessen. **Online oder offline?** Online.

Erlebe den magischen Sonnenaufgang am Totengrund

Besonderer Moment

24

Sommer

Tagsüber kann die Lüneburger Heide mitunter ziemlich anstrengend sein. Vor allem an schönen Sommerwochenenden ist auf den Wegen durch die Heide einiges los. Bei diesem Mikroabenteuer hast du die Heide jedoch mit großer Wahrscheinlichkeit noch ganz für dich allein, denn es gilt, sehr früh aufzustehen, um den magischen Sonnenaufgang am Totengrund zu erleben. Der Totengrund ist ein markanter Talkessel in der Lüneburger Heide, der mit einzeln stehenden Wacholderbüschen und natürlich auch mit Heidekraut bewachsen ist. Es ist ein unwirklich schöner Ort, der tagsüber jedoch sehr überlaufen ist. Es gibt verschiedene Theorien darüber, wie der Talkessel und seine einzigartige Flora

Der Sonnenaufgang am Totengrund in der Lüneburger Heide

123

entstanden sind. Auch die Herkunft des Namens ist nicht eindeutig geklärt. Fakt jedoch ist: Der Ort besitzt eine magische Anziehungskraft. Vom Stadtzentrum aus ist der Totengrund mit dem Rad in vier Stunden zu erreichen. Wenn du den Sonnenaufgang im August zur Zeit der Heideblüte erleben möchtest, musst du gegen 2 Uhr in der Nacht losfahren. Die Sonne geht nämlich gegen 6:20 Uhr auf. Der beste Beobachtungsplatz ist tatsächlich der offizielle Aussichtspunkt, da er nach Osten hin offen ist.

Wie lange dauert's? 4 bis 5 Stunden, zuzüglich Rückfahrt. **Wo geht's los?** Vor deiner Haustür. **Wie kommt man hin?** Richtung Süden über die alte Harburger Elbbrücke, Seevetal und Hanstedt. **Was muss mit?** Eine Thermoskanne mit heißem Kaffee. **Online oder offline?** Online. Nicht, dass du dich in der Heide verfährst und den Sonnenaufgang noch verpasst! **Übernachtung ja/nein?** Nein.

Fahre zur Elbmündung nach Friedrichskoog

Eine wunderbare Tour, um den Kopf freizukriegen. Die meiste Zeit geht es auf einem gut ausgebauten Fahrradweg an der Elbe entlang. Die Tour macht auch richtig Spaß, wenn das Wetter mal nicht so mitspielt. Am Ziel wartet zur Belohnung das Meer auf dich. Außerdem ist in Friedrichskoog ein Spaziergang auf dem Trischendamm Pflicht. Bis Friedrichskoog-Spitze sind es etwas

Zum Deich

Nationalpark Wattenmeer

Barfuß laufen in Friedrichs- koog

mehr als 110 Kilometer. Theoretisch ist die Tour also hin und zurück an einem Tag zu bewältigen. Solltest du keine Lust auf 13 Stunden im Sattel haben, findest du in Friedrichskoog sehr leicht gute Biwakplätze. Alternativ schlägst du dein Zelt auf dem recht hübschen Campingplatz Nordsee-Camp Norddeich auf. Du kannst aber auch mit dem Zug ab St. Michaelisdonn in gut zwei Stunden nach Hamburg zurückfahren. Nach St. Michaelisdonn kommst du in gut zweieinhalb Stunden mit dem Fahrrad. In St. Michaelisdonn befindet sich allerdings auch ein schöner Naturcampingplatz der Initiative Wildes Schleswig-Holstein, auf dem du kostenlos dein Zelt für eine Nacht aufschlagen kannst. Die genaue Lage des Platzes findest du auf der Webseite der Initiative (www.wildes-sh.de).

Wie lange dauert's? Circa 6 bis 7 Stunden für die einfache Fahrt, zuzüglich Rückfahrt. **Wo geht's los?** Vor deiner Haustür. **Wie kommt man hin?** Einfach die Elbe flussaufwärts. **Was muss mit?** Ausreichend Lungenvolumen. **Online oder offline?** Online. Bis Friedrichskoog kommst du zwar auch offline ohne Navigation, wenn du danach jedoch gleich wieder zum Zug willst, ist eine Navigation Gold wert. **Übernachtung ja/nein?** Sowohl im Biwak als auch auf Zeltplätzen möglich.

Fahre zum Timmendorfer Strand

In fünf Stunden mit dem Fahrrad am Meer: Wer um 5 Uhr morgens in Hamburg losradelt, liegt um 10 Uhr am Timmendorfer Strand! Wie ... ist das denn?! Zurück geht es, wann immer man Lust hat, in nur anderthalb Stunden mit der Bahn. Oder aber man packt einen Schlafsack ein und bleibt einfach am Strand liegen. Wenn dir der Timmendorfer Strand zu überlaufen ist, kannst du zum Übernachten auch zum südlich gelegenen Hemmelsdorfer See fahren oder weiter in den Norden nach Neustadt, wo es einen richtig schönen Campingplatz direkt am Meer mit zwei eigenen Wiesen für Zeltcamper gibt (www.camping-ostsee.de).

Mit dem Fahrrad ans Meer in 5 Stunden

Wie lange dauert's? Etwas mehr als 5 Stunden für gut 90 Kilometer. **Wo geht's los?** Vor deiner Haustür. **Wie kommt man hin?** Aus der Stadt in Richtung Osten auf dem schön ausgebauten Radwanderweg Glinde–Trittau. Weiter Richtung Lütjensee und dann bis Lübeck über die Dörfer. **Was muss mit?** Biwakausrüstung und Badehose. **Online oder offline?** Online. **Übernachtung ja/nein?** Sowohl im Biwak als auch auf Zeltplätzen möglich.

Fahre in einer Nacht nach Berlin bis zum Brandenburger Tor

Eine Mammutaufgabe, an die du dich zu Ehren des deutschen Mikroabenteuer-Pioniers Christo Foerster unbedingt einmal wagen solltest. Für ihn war diese Tour, die er ohne große Planung startete, der persönliche Kick-off in die Mikroabenteuer-Welt. Sein Grundlagenwerk *Mikroabenteuer* mit vielen praktischen Tipps vor allem zu Ausrüstungsfragen kann ich dir sehr ans

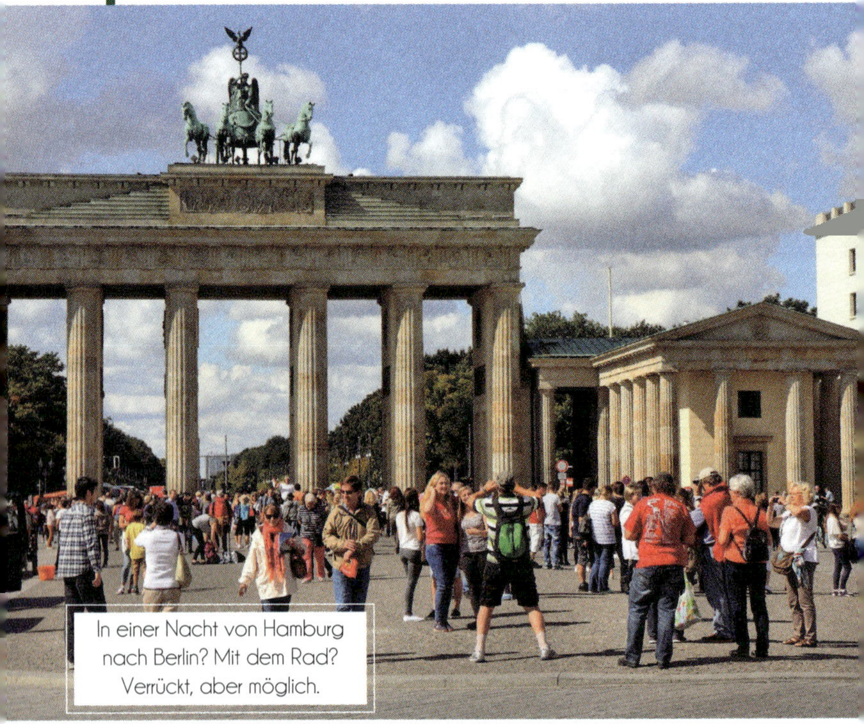

In einer Nacht von Hamburg nach Berlin? Mit dem Rad? Verrückt, aber möglich.

Herz legen. Nach Berlin sind es von Hamburg aus circa 320 Kilometer. Eine stolze Zahl, die man natürlich nicht einfach mal so auf dem Rad runterreißt. Aber genau darum geht es bei Mikroabenteuern ja auch: seine eigenen Grenzen auszutesten und möglicherweise über sich hinauszuwachsen. Mit einem Schnitt von 20 Stundenkilometern bist du also runde 16 Stunden unterwegs. Wenn du um 19 Uhr losfährst, kommst du am nächsten Tag um 11 Uhr in Berlin an. Natürlich gibt es keinen vernünftigen Grund für eine solche Quälerei. Außer eben dem, dass du dich an diese Tour garantiert bis ans Ende deines Lebens mit einem Lächeln auf den Lippen erinnern wirst. Ach ja, vergiss auf keinen Fall das Zielfoto am Brandenburger Tor. Und zurück geht es natürlich mit dem Zug. Selbst in einem ICE ist die Fahrradmitnahme nämlich beschränkt möglich.

Wie lange dauert's? Mindestens 16 Stunden. **Wo geht's los?** Vor deiner Haustür. **Wie kommt man hin?** Im Grunde genommen geht es fast immer die Elbe entlang, bis du nach circa 90 Kilometern in Sandau ankommst. Dort musst du mit der Fähre übersetzen, die ab 5:30 Uhr fährt (außer sonntags). Du kannst deine Route auch ohne Fähre planen, musst dann allerdings ein paar Kilometer mehr in Kauf nehmen. **Was muss mit?** Jede Menge Energieriegel oder -gels. Biwakausrüstung, falls du unterwegs schlappmachst (was keine Schande ist – allein es zu wollen und sich auf dem Weg zu machen, ist eine Leistung; die meisten schaffen ja leider nicht einmal das). **Online oder offline?** Online. **Übernachtung ja/nein?** Warum nicht? Wenn du statt Biwak auch ein kleines Zelt dabeihast, empfehle ich dir den Zeltplatz Breitehorn an der Havel.

Entdecke den wilden Rosenhagener Strand bei Travemünde

Der Rosenhagener Strand ist ein absoluter Geheimtipp. Früher verlief hier ganz in der Nähe die innerdeutsche Grenze. Und da man im Osten große Angst hatte, dass die Leute vom Rosenhagener Strand aus mit einem Schlauchboot nach Travemünde übersetzten, war der Strand jahrelang Sperrgebiet. Auch die Dörfer in der sogenannten Sperrzone drum herum wurden nicht gerade aufgepäppelt. Die rigide Politik

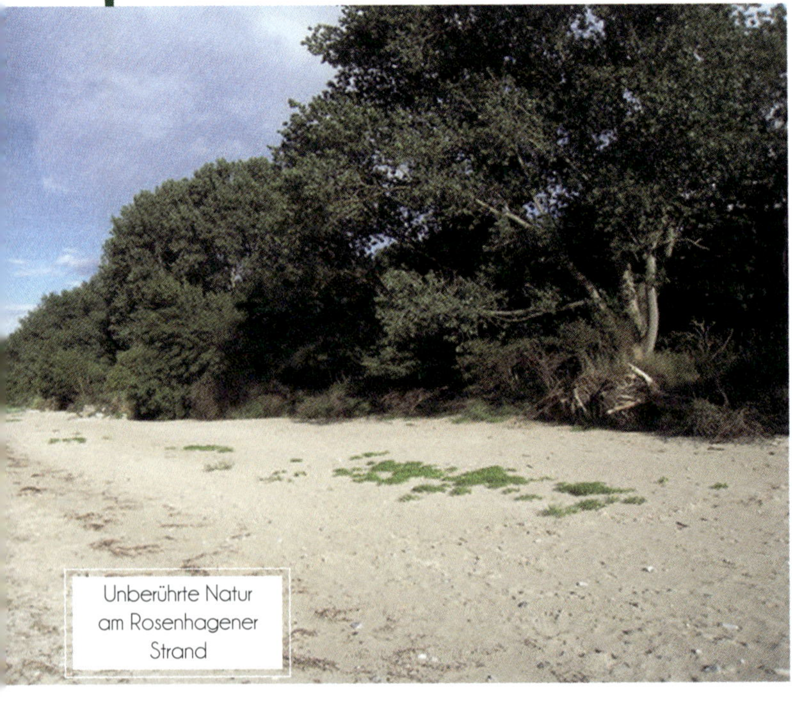

Unberührte Natur
am Rosenhagener
Strand

führte dazu, dass die Natur jahrelang schalten und walten konnte, wie sie wollte. Das Ergebnis: eine wilde, ursprüngliche Natur und drum herum kaum Infrastruktur und daher auch wenig Menschen. Mit dem Fahrrad ist der Rosenhagener Strand in fünf bis sechs Stunde zu erreichen. Wer noch mehr Einsamkeit will, fährt einfach noch ein Stück weiter Richtung Osten und sucht sich an einem der wilden Naturstrände ein schönes Plätzchen. Besonders schön ist auch der Strand vor dem Naturschutzgebiet Brooker Wald. Zurück geht es mit der Bahn in etwas mehr als einer Stunde ab Travemünde.

Wie lange dauert's? Circa 5 bis 6 Stunden bis Rosenhagen, zuzüglich Rückfahrt. **Wo geht's los?** Vor deiner Haustür. **Wie kommt man hin?** Von Hamburg bis Lübeck die meiste Zeit auf Radwegen. Von Lübeck aus geht es dann Richtung Dassow und von dort nach Rosenhagen. **Was muss mit?** Badehose und Sonnencreme. **Online oder offline?** Online. **Übernachtung ja/nein?** Am Strand möglich.

Feiere Silvester auf dem Bungsberg

Die Besteigung der höchsten Berge in der näheren Umgebung gehört zu den klassischen Mikroabenteuern. In Hamburg und im umliegenden Schleswig-Holstein muss man sich in diesem Fall jedoch leider mit kleineren Hügeln begnügen. Im Stadtgebiet selbst ist der Hasselbrack (siehe S. 91f.) der höchste Berg. Im Um-

land gehört dieser Titel dem Bungsberg. Er ist mit immerhin 168 Metern Schleswig-Holsteins höchste Erhebung. Um den Ausflug dorthin zu einem echten Abenteuer zu machen, empfehle ich dir, an einem ganz besonderen Tag (beziehungsweise in einer ganz besonderen Nacht) auf den Bungsberg zu steigen, und zwar zum Jahreswechsel. Wenn du in Hamburg alle Topspots an Silvester durchprobiert hast, kannst du oben auf dem Bungsberg einen Rutsch ins neue Jahr erleben, an den du dich noch lange erinnern wirst. Die Fahrt mit dem Fahrrad gen Norden dauert maximal sieben Stunden. Oben angekommen, wirst du nach Mitternacht mit einem fantastischen Blick auf die Feuerwerke in den umliegenden Dörfern belohnt. Der Gipfel des Bungsbergs ist sehr exponiert. Als Platz für dein Biwak empfehle ich dir den Bereich um den alten Elisabethturm, der etwas abgeschiedener 200 Meter von der Bungsbergspitze entfernt liegt. Dort kannst du sogar ein kleines Zelt aufstellen.

Wie lange dauert's? Ohne Zeitlimit. Anfahrt mit dem Fahrrad circa 7 Stunden für 100 Kilometer. **Wo geht's los?** Vor deiner Haustür. **Wie kommt man hin?** Über Bad Segeberg und Ahrensbök. Die meiste Zeit fährst du auf Radwegen. Zurück geht es entweder wieder mit dem Fahrrad oder mit der Bahn ab Eutin in circa 1,5 Stunden. **Was muss mit?** Eine Flasche Champagner und vielleicht ein paar Freunde. An Silvester würde ich sogar riskieren, sich in einer größeren Gruppe ins Mikroabenteuer zu stürzen. **Online oder offline?** Online.

Fahre ins Mecklenburgische Elbetal

Nur drei bis vier Stunden von Hamburg entfernt liegt das Mecklenburgische Elbetal. Solltest du dich an die Berlin-Tour wagen, kommst du hier auch vorbei. In der Nacht ist allerdings von der unglaublichen Schönheit der Landschaft kaum etwas zu sehen. Das ist schade, weshalb ich dir empfehle, dir auf einer Tour die Zeit für das Elbetal zu nehmen. Dein Zielpunkt ist Boizenburg, wo sich das Elbetal spektakulär öffnet. Die meiste Zeit fährst du an der Elbe entlang. Auf dem Weg reiht sich Naturschutzgebiet an Naturschutzgebiet. Das

Idylle im Mecklenburgischen Elbetal

133

macht das Biwakieren schwerer, aber nicht unmöglich. Auf Nummer sicher kannst du allerdings auch auf dem wunderschönen Naturcampingplatz Hohes Elbufer gehen (www.campen-ohne-deich.de), der etwa anderthalb Stunden vor Boizenburg liegt. Von Boizenburg aus kannst du übrigens mit der Bahn in nicht einmal einer Stunde wieder nach Hause fahren.

Wie lange dauert's? Circa 4 Stunden bis Boizenburg, zuzüglich Rückfahrt. **Wo geht's los?** Vor deiner Haustür. **Wie kommt man hin?** Der direkte Weg führt dich durch die Boberger Niederung über Bergedorf aus der Stadt heraus. Die Elbe erreichst du dann bei Geesthacht. Wenn du von Anfang an an der Elbe entlangfahren möchtest, wählst du den Weg über die Billwerder Bucht. Allerdings bist du dann bis Boizenburg zwischen einer halben und einer Stunde länger unterwegs. **Was muss mit?** Zeit. Ab Boizenburg kann man sich an der Landschaft nicht sattsehen. **Online oder offline?** Online. **Übernachtung ja/ nein?** Im Biwak und auf dem Zeltplatz möglich.

Übernachte im Gespensterwald bei Nienhagen

Um nach Nienhagen mit dem Rad zu fahren, musst du eine richtig weite Tour unternehmen. Neun bis zehn Stunden solltest du einplanen. Daher solltest du besonders früh aufstehen, wenn du am Ziel noch ein bisschen entspannen willst. In Nienhagen erwartet dich ein Wald, wie du ihn noch nie gesehen hast. Die meist kahlen, glatten, bizarr geformten Baumstämme in Strandnähe werfen im Abendlicht gespenstische Schatten. Wenn dann noch ordentlich Wind durch die Äste pfeift, wirkt es, als würden die Bäume leben. Solltest du noch nach einer schönen Location für dein Horrorfilm-Mikroabenteuer suchen (siehe S. 93) – hier hast du sie gefunden. Zurück geht es am besten ab Rostock in gut zweieinhalb Stunden mit der Bahn.

Wie lange dauert's? Circa 9 bis 10 Stunden für 182 Kilometer, zuzüglich Rückfahrt. **Wo geht's los?** Vor deiner Haustür. **Wie kommt man hin?** Aus der Stadt raus Richtung Billstedt, vorbei am Sachsenwald durch die Hahnheide. Dann weiter bis zum Großen Ratzeburger See. Dann weiter über Schönberg und Grevesmühlen

Besondere Challenge

48

Sommer

Gruselatmosphäre im Gespensterwald

135

bis Nienhagen. **Was muss mit?** Knoblauch, Holzpflock und Silberkugel. Und ein magisches Buch mit Beschwörungsformeln für Gespenster. **Online oder offline?** Online. Allerdings nur zur Navigation. Im Wald bleibt das Handy aus.

Verliere dich in der Duhner Heide

Bei dieser Tour geht es zuerst mit der Bahn nach Cuxhaven. Von dort aus kannst du dann in aller Ruhe die Duhner Heide erkunden. Entweder verfährst du dich auf den Deichwegen, die von endlos grünen Salzwiesen umgeben sind, oder du fährst durch Wälder und Eichenmoore oder an malerischen Bächen entlang. Ein Tipp ist auch der malerische Pastor-Drägert-Weg, auf dem sich dir immer wieder fantastische Fotomotive präsentieren. Theoretisch könntest du Cuxhaven in sieben Stunden von Hamburg aus mit dem Fahrrad erreichen. In diesem Fall ist es jedoch reizvoller, die Zeit in das Entdecken der Natur vor Ort zu investieren. Trotz der zahlreichen Naturschutzabschnitte ist es kein Problem, einen Biwakplatz zu finden. Solltest du jedoch lieber mit dem Zelt unterwegs sein, ist der Campingplatz Wernerwald ein Tipp. Dieser liegt in einem schönen Waldgebiet bei Sahlenburg.

Wie lange dauert's? Ohne Zeitlimit. **Wo geht's los?** Am Bahnhof in Cuxhaven. **Wie kommt man hin?** Mit der Bahn ab Hamburg Hauptbahnhof in 2 Stunden. **Was**

Duhner Heide:
Natur, so weit
das Auge reicht

muss mit? Ein Fernglas, um Vögel zu beobachten. **Online oder offline?** Am besten ab Cuxhaven offline starten und schauen, wohin es dich verschlägt. Am Abend kannst du dann online zurück zur Bahn oder zu einem der zahlreichen Zeltplätze navigieren (zum Beispiel Campingplatz Wernerwald). **Übernachtung ja/nein?** Möglich.

Statte der 800 Jahre alten Flintbeker Eibe einen Besuch ab

Wenn wir uns draußen in der Natur bewegen, dann ist uns oft nicht bewusst, dass das, was uns da umgibt, manchmal schon seit Jahrhunderten existiert. Vielleicht liegt es daran, dass die Natur heutzutage nur an den wenigsten Stellen noch ausgesetzt und wild sein darf. Stattdessen muss sie sich an menschengemachten Vorgaben orientieren und wird, wo immer möglich, eingehegt. Dass die Natur weitaus größer und stärker als wir Menschen ist, beweist zum Beispiel die Flintbeker Eibe. Der gerade mal elf Meter hohe Baum ist nämlich mindestens 800 Jahre alt. Bereits im Jahr 1223 wurde er als »altes Exemplar« urkundlich erwähnt. Dieser Baum existiert also seit der Zeit der Kreuzzüge. Er hat den Dreißigjährigen Krieg im 17. Jahrhundert ebenso überstanden wie zwei Weltkriege. Vor allem aber hat er uns Menschen und unsere Eingriffe in die Natur überlebt. Bis nach Flintbek sind es mit dem Rad rund 87 Kilometer. Du kannst also in circa sechs Stunden zur Flintbeker Eibe fahren und dir dort, zu Füßen eines äußerlich unscheinbaren Baumes, deiner eigenen Endlichkeit bewusst werden. Mich wühlt die Tatsache, neben einem 800 Jahre alten Baum zu sitzen, jedenfalls ungemein auf und macht mich sehr ehrfürchtig. Ein komisches Gefühl. Zurück geht es theoretisch mit der Bahn in gut einer Stunde. Wenn du aber schon mal hier bist, kannst du auch circa eine Stunde zum Westensee weiterfahren, wo es einen sehr schönen Naturcampingplatz gibt,

Faszinierender Zeitzeuge: die Flintbecker Eibe

auf dem du übernachten kannst (www.naturcamping-platz-westensee.de).

Wie lange dauert's? Circa 6 Stunden, zuzüglich Rückfahrt. **Wo geht's los?** Vor deiner Haustür. **Wie kommt man hin?** Über Quickborn, Bad Bramstedt und Neumünster Richtung Kiel. **Was muss mit?** Ein Geschichtsbuch. Wie wäre es zum Beispiel mit *Schleswig-Holstein: Das Land und seine Geschichte* von Eckardt Opitz. **Online oder offline?** Online. **Übernachtung ja/nein?** Möglich.

10 Orte, die du mit dem Rad in 5 Stunden von Hamburg aus erreichen kannst

Das Schöne an Touren mit dem Rad sind die Flexibilität und die weiten Wegstrecken, die du zurücklegen kannst. Zu Fuß ist es oft etwas mühseliger, einen geeigneten Biwakplatz zu finden, als per Rad. Außerdem kann man mit dem Rad schneller auf nahe gelegene Zeltplätze ausweichen und ist nicht gezwungen, unmittelbar am Ziel zu übernachten. Wer etwas über 15 Stundenkilometer schafft, legt in fünf Stunden zudem um die 90 Kilometer zurück (und hat danach genügend Zeit, mit der Bahn wieder heimzufahren). Wie weit du damit kommst, siehst du hier:

1. Brunsbüttel (circa 80 Kilometer)
2. Brahmsee (circa 83 Kilometer)
3. Großer Plöhner See (circa 78 Kilometer)
4. Dassow (circa 87 Kilometer)
5. Röggeliner See (circa 78 Kilometer)
6. Küchensee (am oberen Schaalsee) (circa 77 Kilometer)
7. Wittenburg (circa 90 Kilometer)
8. Darchau (circa 82 Kilometer)
9. Bad Bevensen (circa 76 Kilometer)
10. Soltau (circa 73 Kilometer)

Wie lange dauert's? Circa 5 Stunden für 80 bis 90 Kilometer. Zurück geht es mit der Bahn in circa 1 Stunde.

Wo geht's los? Vor deiner Haustür. **Wie kommt man hin?** Einfach losradeln. **Was muss mit?** Nichts Besonderes. **Online oder offline?** Online. **Übernachtung ja/nein?** In der Regel möglich (Biwak/Zeltplatz).

Der Brahmsee

Deine Belohnung
nach zehn Stunden
im Sattel?

10 Orte, die du mit dem Rad in 10 Stunden von Hamburg aus erreichen kannst

Frühes Aufstehen vorausgesetzt – gegen 5 Uhr morgens –, hast du auch nach zehn Stunden auf dem Rad noch eine faire Chance, mit der Bahn heimzukommen. Allerdings lohnt es sich meist, nach den 10-Stunden-Touren eine Übernachtung mit einzuplanen. Mit diesen Zielen wirst du belohnt, wenn du durchhältst:

1. St. Peter-Ording (circa 145 Kilometer)
2. Husum (circa 147 Kilometer)
3. Hamburger Hallig (circa 172 Kilometer)
4. Flensburg (circa 165 Kilometer)
5. Insel Fehmarn (circa 159 Kilometer)
6. Ostseebad Kühlungsborn (circa 163 Kilometer)
7. Dobbertiner See (circa 170 Kilometer)
8. Lübz (circa 162 Kilometer)
9. Wittenberge (Inklusive schöner Strecke auf den Radfernweg Internationaler Elberadweg) (circa 160 Kilometer)
10. Hannover (circa 159 Kilometer)

Wie lange dauert's? Circa 8 bis 10 Stunden für 140 bis 170 Kilometer. Zurück geht es mit der Bahn in circa 2 Stunden. **Wo geht's los?** Vor deiner Haustür. **Wie kommt man hin?** Einfach losradeln. **Was muss mit?** Nichts Besonderes. **Online oder offline?** Online. **Übernachtung ja/nein?** In der Regel möglich (Biwak/Zeltplatz).

Strand auf
der Halb-
insel Darß

10 Orte, die du mit dem Rad in 15 Stunden von Hamburg aus erreichen kannst

Bei diesen Touren ist eine Übernachtung Pflicht, es sei denn, du startest gegen 17 oder 18 Uhr und fährst über Nacht. Das Geniale: Du kommst in dieser Zeit bis nach Dänemark oder gar in die Niederlande. Hier sind deine Möglichkeiten:

1. Aabenraa in Dänemark (circa 201 Kilometer)
2. Norden (circa 228 Kilometer)
3. Winschoten in den Niederlanden (circa 240 Kilometer)
4. Meppen (circa 239 Kilometer)
5. Osnabrück (circa 227 Kilometer)
6. Bielefeld (circa 233 Kilometer)
7. Magdeburg (circa 240 Kilometer)
8. Rheinsberg (circa 239 Kilometer)
9. Kummerower See (circa 227 Kilometer)
10. Halbinsel Darß – Traumziel mit zahlreichen Campingplätzen, die direkt im Wald beziehungsweise am Strand liegen (circa 241 Kilometer)

Wie lange dauert's? Circa 12 bis 15 Stunden für 180 bis 240 Kilometer. Zurück geht es mit der Bahn in circa 3 Stunden. **Wo geht's los?** Vor deiner Haustür. **Wie kommt man hin?** Einfach losradeln. **Was muss mit?** Die Badehose nicht vergessen! **Online oder offline?** Online. **Übernachtung ja/nein?** Empfohlen (Biwak/Zeltplatz).

MIKRO ABENTEUER

auf und im Wasser

Erkunde mit dem Boot die Alster

Besonderer Ort

5 to 9

Frühling
Herbst Sommer

Raus aus der U-Bahn, rauf aufs Wasser. Das geht nirgendwo leichter als auf der Alster, die man auch sehr gut stromaufwärts befahren kann. Eine gute Einstiegsmöglichkeit in Langkamp, egal ob fürs Kanu oder SUP, bietet sich im Hayns Park. Von dort geht es auf der hier noch relativ breiten Alster Richtung Alsterdorf. Immer wieder bieten sich lohnende Abstecher in die Seitenkanäle der Alster. Vor allem den Brabandkanal solltest du dir nicht entgehen lassen. Hier fühlt man sich mit einem Schlag wie im Urwald. An der Ohlsdorfer Schleuse geht es entweder zurück – zum Beispiel um

Auf verwunschenen Alster-Kanälen

die restlichen Seitenkanäle zu erkunden – oder aber du trägst dein Boot circa 300 Meter und fährst hinter der Schleuse weiter bis Poppenbüttel. Hier wird der Weg immer ursprünglicher. Es gibt auch nicht mehr so viele Brücken, die über die Alster führen, sodass du die Stadt um dich herum mehr und mehr vergessen kannst. Spätestens wenn du die ersten bemoosten Baumstümpfe umfahren musst, fühlst du dich dann tatsächlich ein bisschen wie in der Wildnis.

Wie lange dauert's? 2 bis 3 Stunden bis Ohlsdorf und wieder zurück. Ansonsten ohne Zeitlimit. **Wo geht's los?** Im Hayns Park. **Wie kommt man hin?** Mit der U1 bis Langkamp. **Was muss mit?** Nichts Besonderes. **Online oder offline?** Offline.

Erkunde mit dem SUP die HafenCity und die Speicherstadt

Klingt gewagt – und ist es auch. Bei dieser Tour solltest du auf keinen Fall Schwimmweste und Leash vergessen. Los geht die Tour an den Deichtorhallen. Dort lässt sich das SUP sehr gut einsetzen. Von dort geht's am Gebäude des Nachrichtenmagazins *DER SPIEGEL* vorbei in die Speicherstadt. Hier ist allerdings schon Vorsicht angesagt, denn tagsüber teilt man sich das Gewässer mit Touristenbooten, die hier ebenfalls unterwegs sind. Dieser widrige Umstand lässt sich jedoch vermeiden, wenn du es schaffst, bereits um 6 Uhr auf dem Wasser zu sein. Vergiss niemals: Frühes Aufstehen ist der beste

Sightseeing per SUP

Freund des Mikroabenteurers. In dieser frühen Morgenstunde hast du selbst einen Touristenmagneten wie die Speicherstadt noch ganz für dich allein. Erste Ausstiegsmöglichkeiten findest du bereits ohne Probleme an der Kehrwiederspitze. Theoretisch wäre es auch noch möglich, weiter zum Cap San Diego zu fahren. Hier nimmt der Verkehr jedoch langsam zu. Eher lohnt sich noch ein Abstecher in den Sandtorhafen und zur Elbphilharmonie sowie am Strandkai entlang in die HafenCity. Auf diese Weise würdest du eine Rundtour machen, die dich wieder zu den Deichtorhallen bringt. Wichtig: Beachte vor deiner Tour die Gezeiten. Am besten startest du die Tour zweieinhalb Stunden vor oder nach dem Hochwasser. Einen Gezeitenkalender findest du online beim Bundesamt für Seeschifffahrt und Hydrographie (www.bsh.de).

Wie lange dauert's? Für die große Rundtour solltest du ein 1 bis 2 Stunden einplanen. **Wo geht's los?** An den Deichtorhallen. **Wie kommt man hin?** Mit allen öffentlichen Verkehrsmitteln, die zum Hauptbahnhof fahren. Oder mit dem Rad. **Was muss mit?** Ein gesundes Selbstbewusstsein gegenüber großen Schiffen. **Online oder offline?** Offline. Konzentriere dich lieber auf die Boote um dich herum.

Bade im Schöhsee

Besonderer Ort

24

Sommer

Mit den klaren Bergseen in den Alpen können die Seen in Schleswig-Holstein leider nicht ganz mithalten. Eine rühmliche Ausnahme bildet der Schöhsee. Aufgrund des geringen Nährstoffgehaltes im See können Algen hier nicht so gut wachsen wie anderswo. Im Durchschnitt liegt die Sichttiefe im Schöhsee dabei bei mindestens drei bis vier Metern. Ab Mitte Juni, wenn das Klarwasserstadium beginnt und die Chlorophyllkonzentration immer weiter sinkt, werden sogar Sichttiefen von mehr als sechs Metern erreicht. Diese Klarwasserphase dauert vier bis sechs Wochen an. Im August nimmt die Sichttiefe dann wieder konsequent ab. Dass der See so sauber ist, liegt aber auch daran, dass er nicht mit Motor- und Segelbooten befahren werden darf. Wenn du den See, in dem es auch drei bewaldete Inseln gibt, mit einem Kanu oder SUP entdecken willst, solltest du vorher beim zuständigen Angelverein um Erlaubnis bitten (www.angeln-im-kreis-ploen.de).

Wie lange dauert's? 4 bis 5 Stunden, zuzüglich Hin- und Rückfahrt. **Wo geht's los?** In Plön. **Wie kommt man hin?** Mit der Bahn ab Hamburg Hauptbahnhof in weniger als 2 Stunden. **Was muss mit?** Idealerweise ein SUP oder aber wenigstens eine Luftmatratze (siehe Tipp). **Online oder offline?** Offline.

Sonnen-
untergang am
Schöhsee

Tipp: Leg dich in der Nähe der Inseln auf dein SUP, bewege dich nicht und warte so lange, bis du einen Fisch im Wasser gesehen hast. Es gibt hier unter anderem Barsche, Hechte und Karpfen.

Wandere auf dem zugefrorenen Selenter See

Winterwanderungen auf einem zugefrorenen See gehören zu meinen Lieblings-Mikroabenteuern. Sie zeigen, wie sehr ein kleiner Perspektivenwechsel alles um einen herum verändern kann. Im Grunde genommen tut man bei einer Winterwanderung nichts anderes als im Sommer. Man wandert eben. Doch die Möglichkeit, am Seeufer entlang AUF dem See zu laufen statt auf einem Weg am Ufer, sorgt für ein komplett anderes Erlebnis. Mit Bus und Bahn brauchst du rund zweieinhalb Stunden bis Selent. Der erste Zug geht allerdings schon um 4:37 Uhr, sodass du gegen 7:13 dein Ziel erreicht hast und selbst am Wochenende den See für die nächsten drei Stunden fast für dich allein hast. Der Weg um den See ist circa 30 Kilometer lang. Ich empfehle dir, auch aus Sicherheitsgründen stets so nah wie möglich am Ufer entlangzuwandern. Das Eis sollte mindestens fünf Zentimeter dick sein, besser sogar acht. Dann nämlich trägt es sogar Menschengruppen. Besonders schön ist der einsame Nordteil des Sees. Plane dort unbedingt eine längere Pause ein.

Wie lange dauert's? Circa 6 Stunden, zuzüglich Hin- und Rückfahrt. **Wo geht's los?** Am Dorfplatz in Selent. **Wie kommt man hin?** Mit Bahn und Bus von Hamburg Hauptbahnhof bis Selent. **Was muss mit?** Eine Thermoskanne mit heißem Tee. **Online oder offline?** Offline. **Übernachtung ja/nein?** Solltest du Lust auf ein Winter-Biwak haben, kannst du es gerne hier ausprobieren.

Tipp: Packe Schlittschuhe ein. Mit ihnen schaffst du die Umrundung des Selenter Sees in der Hälfte der Zeit.

Durchschwimme den Bistensee

Die Überquerung eines Gewässers gehört zu den klassischen Mikroabenteuern, die man einmal im Leben gemacht haben sollte. Der Bistensee eignet sich auch für Anfänger und nicht so erfahrenere Schwimmer sehr gut, da er an der schmalsten Stelle gerade mal 300 Meter breit ist. Klingt wenig, doch auf einem offenen Gewässer muss man diese Strecke auch erst mal schwimmen. Vergiss nicht: In einem See kannst du dich nicht mal eben kurz am Beckenrand festhalten und Verschnaufen. Entscheidest du dich nicht für die schmalste Stelle des Sees, kannst du hier bis zu 1 Kilometer weit schwimmen. Neben der Skalierbarkeit der Schwimmstrecke hat der Bistensee noch ein paar weitere Vorteile. Es gibt hier einen Wanderweg, der komplett um den See führt, sodass du überall mit der Überquerung anfangen kannst. Außerdem gibt es am Ufer des Sees einen Zeltplatz, sodass

Kommst du ans andere Ufer?

du hier nicht einmal im Biwak übernachten musst. Sollten 300 Meter oder 1 Kilometer für dich keine Herausforderung mehr darstellen: Direkt neben dem Bistensee liegt in östlicher Richtung der fast rechteckige Wittensee, auf dem du von Ufer zu Ufer ganze 2 Kilometer schwimmen kannst.

Wie lange dauert's? Ohne Zeitlimit. 1 Kilometer ist im Wasser in einer halben Stunde zu schaffen. **Wo geht's los?** Je nach der von dir ausgesuchten Strecke direkt am Seeufer. **Wie kommt man hin?** Mit der Bahn ab Hamburg Hauptbahnhof in etwas mehr als 2 Stunden. **Was muss mit?** Ein Drybag (wasserdichter Packsack) mit Bojenfunktion. **Online oder offline?** Offline. Aber nimm am besten einen Partner mit, der, wenn nötig, einen Notruf absetzen kann.

Fahre mit dem Kanu auf der Treene

Besonderer Ort

48

Sommer

Aufgrund des flachen Wassers und der gemächlichen Strömung gilt die Treene auch für Anfänger als Paradies. Zudem ist der Fluss vor allem im Norden unglaublich schön und ursprünglich. Man fährt vorbei an Sumpfgebieten und Mooren oder an Schafen und Fjordpferden, die auf den Uferwiesen grasen. Und während einer der Pausen am Weg setzt sich bestimmt auch eine der zahlreichen Libellen, die es hier gibt, für kurze Zeit aufs Boot. Doch Obacht, spätestens ab Treia gibt es zahl-

Mit Kind und Kajak auf der Treene

reiche Kanuverleiher, die Tagestouristen aufs Wasser schicken, die mal achtlos, mal ungeschickt, mal in einer Mischung aus beidem ihr Glück auf der Treene versuchen. Dann kann es richtig eng werden, und man muss auch schon mal verloren gegangene Paddel aus dem Wasser fischen. Das Dilemma lässt sich umgehen, wenn man beispielsweise nur von Eggebek-Langstedt bis Treia fährt oder aber von Treia bis Schwabstedt oder – je nach Kondition – sogar bis Friedrichstadt. Wer will, kann aus dieser Teilstrecke auch eine 2-Tages-Tour machen. An der Fresendelfer Fähre gibt es nämlich einen wilden Kanu-Rastplatz mit Bio-Klo und Feuerstelle zum Übernachten. Auf diese Weise schafft man es dann am nächsten Tag auch ganz entspannt bis Friedrichstadt. Die Stadt ist von einigen Grachten durchzogen, weshalb sie auch das »Venedig des Nordens« genannt wird. Wer Lust hat, kann die Grachten ebenfalls noch per Boot erkunden, muss aber mit dem einen oder anderen Ausflugsschiff rechnen. Von Friedrichstadt geht es in zwei Stunden mit der Bahn nach Hamburg zurück.

Wie lange dauert's? 1 bis 2 Tage inklusive Hin- und Rückfahrt. **Wo geht's los?** Zum Beispiel an der Wiese am Klinkenberg in Eggebek-Langstedt. **Wie kommt man hin?** Mit der Bahn ab Hamburg Hauptbahnhof in gut 2 Stunden. **Was muss mit?** Ausreichend Verpflegung und Anti-Brumm, um der vielen Mücken wenigstens etwas Herr zu werden. **Online oder offline?** Für erfahrene Paddler offline möglich. Kanuanfänger fühlen sich mit Navigation wohler.

Tipp: Neben vielen Zelt- und Rastplätzen gibt es an der Treene auch zahlreiche Heuherbergen, in denen man im Stroh schlafen kann.

Erkunde die Bille und umrunde die Billerhuder Insel

Wenn du keine Lust auf das geschäftige Treiben im Hafen oder auf der Alster hast, kannst du mit dem SUP auch auf die Bille in Hamm ausweichen. Dort ist es selbst an schönen Sommerwochenenden meist nicht so überlaufen wie anderswo. Gute Einstiegsmöglichkeiten findest du zum Beispiel am McDonald's in der Eiffestraße 440 (mit eigenem Anlegesteg!) oder beim SUP-Standort des kommerziellen Anbieters Elbgänger

Wilde Natur an der Bille

SUP an der Wendenstraße 120. Von hier aus geht es durch verschiedene Kanäle auf die Bille und zur Billerhuder Insel, die man komplett umrunden kann. Besonders schön ist das entspannte, weniger geldige Flair, das auf der Tour vorherrscht.

Wie lange dauert's? Circa 2 Stunden, zuzüglich Hin- und Rückfahrt. **Wo geht's los?** Am McDonald's in der Eiffestraße. **Wie kommt man hin?** Mit der U2/4 bis Burgstraße oder Hammer Kirche. **Was muss mit?** Ein Bier für unterwegs. **Online oder offline?** Offline. **Übernachtung ja/nein?** Nein.

Fahre auf der Gose-Elbe

Auf dieser Strecke lässt man das quirlige Stadttreiben komplett hinter sich. Los geht es an der Reitschleuse, und von dort aus hältst du dich flussaufwärts. Nach circa vier Kilometern erreichst du den Neuengammer Durchstich, einen Kanal, der die Gose-Elbe mit der Dove-Elbe verbindet. Hier solltest du nicht erschrecken, falls sich plötzlich ein großes Tier im Waser wälzt. Es gibt hier Biber und Nutria. Hinter dem Neuengammer Durchstich geht es nach links in die Dove-Elbe. Die ist im Sommer von zahlreichen Booten befahren. Wenn du darauf keine Lust hast, kehrst du einfach an dieser Stelle um und paddelst zur Reitschleuse zurück. Ansonsten geht es weiter bis zur Regattastrecke. Die Dove-Elbe weitet sich an dieser Stelle und wirkt fast wie ein See. Die Mündung der Gose-Elbe, auf der du den gesamten

Entspannen auf der Gose-Elbe

Rundkurs zur Reitschleuse zu Ende fahren kannst, liegt dann wieder links. Wenn du magst, kannst du nun noch im Naturschutzgebiet Die Reit entspannen.

Wie lange dauert's? Circa 6 Stunden. **Wo geht's los?** An der Reitschleuse. **Wie kommt man hin?** Mit dem Bus 222 oder 422 bis Reitdeich. Oder mit dem Fahrrad. **Was muss mit?** Ein Picknick, das du nach der Tour genießen kannst. **Online oder offline?** Offline. Der Weg ist nicht schwer zu finden. **Übernachtung ja/nein?** Nein.

Fahre mit dem SUP auf der oberen Alster bis in die Innenstadt

Die obere Alster ist noch ein sehr ruhiger und gemütlicher Fluss. Teilweise ist das Wasser jedoch auch sehr flach. Es kann daher vorkommen, dass du aussteigen musst, um tieferes Fahrwasser zu erreichen. Manchmal behindern auch ins Wasser gestürzte Bäume deine Fahrt. Auf der Tour warten insgesamt vier Schleusen auf dich. An diesen musst du dein SUP umtragen. Los geht die Tour am Haselknick. Von hier aus sind es etwa 25 Kilometer bis zum Rathaus. Selbstverständlich kannst du die Tour auch kürzer planen. Vor allem bis zur Poppenbüttler Schleuse steht das Naturerlebnis absolut im Vordergrund.

Wie lange dauert's? Circa 6 Stunden, zuzüglich Hin- und Rückfahrt. **Wo geht's los?** Am Haselknick. **Wie kommt man hin?** Mit der U1 bis Ohlsteht. Von dort sind es 20 Minuten bis zum Haselknick zu laufen. **Was muss mit?** Nichts Besonderes. **Online oder offline?** Offline. **Übernachtung ja/nein?** Nein.

MIKRO ABENTEUER
mit der Familie

Erlebe die Hirschbrunft im Duvenstedter Brook

Okay, es ist oft nicht leicht, Kinder am Wochenende zu motivieren, in den Wald zu gehen. Im September kann man sie allerdings mit einem ganz besonderen Event locken. Dann ist nämlich die Zeit der Hirschbrunft, und die lässt sich im Duvenstedter Brook sehr gut beobachten. Der Duvenstedter Brook ist das ganze Jahr über ein Stück lohnende Wildnis im Hamburger Norden, doch im September lebt die Naturlandschaft noch einmal auf. Gänse und Kraniche zieht es in den Süden und die Hirsche machen sich lautstark auf Brautschau. Anfangs ist man geneigt, das laute Röhren mit dem Muhen einer Kuh zu verwechseln und einfach abzutun. Das Röhren der Hirsche klingt jedoch etwas heller und nicht ganz so

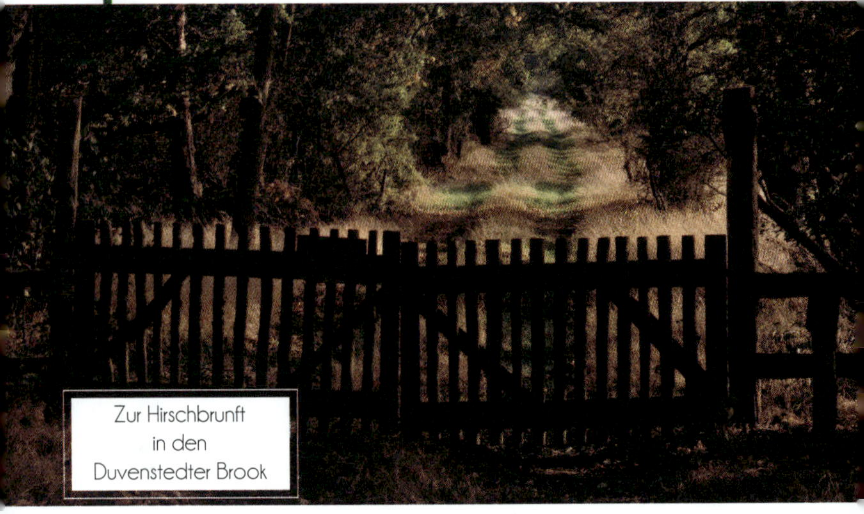

Zur Hirschbrunft
in den
Duvenstedter Brook

jaulend. Wenn man den markanten Ruf im Wald hört, sollte man ihm unbedingt folgen, denn mit etwas Glück bekommt man einen kapitalen Hirsch und seine Herde zu sehen. Am besten nehmt ihr die Fahrräder mit. Dann seid ihr flexibler im Duvenstedter Brook unterwegs. Sollte euch ein Jäger oder Förster begegnen, fragt ihn, wo man die Hirsche sehen kann. Das Nachfragen lohnt auch im sogenannten BrookHus, dem Informationszentrum für Besucher des Naturschutzgebietes.

Wie lange dauert's? Ohne Zeitlimit. **Wo geht's los?** An der Bahnstation Ohlstedt. **Wie kommt man hin?** Mit der U1. **Was muss mit?** Ein Fernglas, um Hirsche und Rehe zu beobachten. **Online oder offline?** Online. Mit größeren Kindern aber auch offline möglich.

Übernachte in einem Schlafstrandkorb

Die Schlafstrandkörbe sind noch eine ziemlich neue Erfindung – und zwar eine ziemlich geniale. Vor allem, wenn man Kinder an das Schlafen draußen erst mal gewöhnen möchte. Die Strandkörbe, die so groß wie ein Doppelbett sind, bieten nicht nur genügend Komfort, sondern auch das Gefühl, beschützt und behütet zu sein. Dennoch schläft man komplett unter freiem Himmel (es ließe sich aber sogar noch ein Verdeck am Kopfende aufklappen) und genießt einen herrlichen Blick auf das Meer. Die Schlafstrandkörbe kosten zwischen 50 und 60 Euro die Nacht. Je nach Angebot muss man allerdinge eigene Schlafsäcke mitbringen. Mittlerweile findest du überall an der Nord- und Ostseeküste Angebote für Übernachtungen im Schlafstrandkorb. Besonders schön stehen die Schlafstrandkörbe in Büsum an der Perlebucht. Dort kannst du am nächsten Tag auch gleich noch eine Wattwanderung unternehmen (siehe S. 168f.). Ich weiß, dass dieses Mikroabenteuer eigentlich ein gekauftes Abenteuer ist. Aber es fühlt sich wirklich großartig an und kostet nicht die Welt, sodass ich es dennoch aufgenommen habe.

Wie lange dauert's? Ohne Zeitlimit. **Wo geht's los?** Zum Beispiel in Büsum in der Perlebucht. **Wie kommt man hin?** Mit der Bahn von Hamburg Hauptbahnhof in circa 2 Stunden. **Was muss mit?** Ein wirklich guter Schlafsack, damit man in der Nacht nicht friert. Durch die Luftfeuchtigkeit fühlen sich die Nachttemperaturen gleich noch mal ein bisschen frischer an. **Online oder offline?** Online, allerdings nur, um Sterne zu bestimmen.

Übernachte in einem Heuhotel

Besonderer Moment

48

Winter / Frühling
Herbst / Sommer

Moderne Eltern haben und machen es sich nicht leicht. Ich bin mir sicher, dass einige Väter und Mütter beim Gedanken an eine Übernachtung im Schlafstrandkorb selbst kalte Füße bekommen. Was, wenn das Kind unbemerkt schlafwandelt? Und ins Wasser läuft? Auch wenn die Wahrscheinlichkeit eines solchen Ereignisses ziemlich gering ist: Ich weiß, dass allein der Gedanke vor allem Eltern mit kleineren Kindern unheimlich nervös machen kann. Und das ist auch okay, an manche

Ein weiches Bett aus Heu? Von wegen, das pikst ganz ordentlich!

Dinge muss man sich langsam herantasten. Eine schöne Alternative zum Schlafstrandkorb ist zum Beispiel das Heuhotel. Dort schläft man mit seinem Schlafsack in der Regel in einem eigens eingerichteten Zimmer oder Lager auf hoch aufgeschüttetem Heu. Hier dürften selbst kleine Kinder nicht ausbüxen. Und wenn doch, kommen sie nicht weit und schon gar nicht bis zum Meer. Sehr schöne Heubettzimmer gibt es zum Beispiel auf Hof Reumoos in Grundhof (www.heuhof.de).

Wie lange dauert's? Ohne Zeitlimit. **Wo geht's los?** Zum Beispiel in Grundhof. **Wie kommt man hin?** Mit der Bahn ab Hamburg Hauptbahnhof in 2 bis 3 Stunden. **Was muss mit?** Ein Schlafsack. **Online oder offline?** Offline.

Tipp: Stroh ist vor allem ein gutes Isolationsmaterial, aber nicht weich. Im Gegenteil, es kann ganz schön piken und zwicken. Sicherheitshalber solltest du daher bei Übernachtungen im Heu immer auch eine Isomatte dabeihaben.

Unternimm eine Wattwanderung

Besonderer Moment

24

Sommer

Eine Wattwanderung ist für Kinder eines der spannendsten Naturerlebnisse überhaupt. Vor allem dann, wenn man ihnen die Wattwanderung nicht als Wanderung ankündigt, sondern ihnen verspricht, in der größten Matschgrube der Welt zum Spielen zu gehen. Ich glaube, allein die Erfahrung, dass man dort langläuft, wo eben noch Wasser war, diese tief greifende Veränderung einer Naturlandschaft binnen weniger Stunden hautnah mitzuerleben, prägt Kinder fürs Leben. Paart man das Ganze dann noch mit einer Schatzsuche (wer findet die meisten Tiere und wie viele verschiedene Pflanzen gibt es im Watt?), gibt es kein Halten mehr. Vor Cuxhaven geben die Gezeiten schier endlose Wattweiten frei (bis zu 20 Kilometer). In Friedrichskoog kann man die Wattwanderung mit einem Besuch der Seehundstation verbinden. Und von Büsum aus fährt man raus zu den

Unendliche Weiten ... Watt für ein Gefühl!

Seehundbänken. Wer sich nicht allzu weit ins Watt hineinwagt und das Ufer nicht aus den Augen verliert, kann sich auch allein auf Tour begeben. Wenn du jedoch tiefer ins Watt hineinwillst, solltest du dich mit deiner Familie einer geführten Tour anschließen.

Wie lange dauert's? Zwischen 2 und 3 Stunden. **Wo geht's los?** Je nach Standort. **Wie kommt man hin?** Mit der Bahn in 1 bis 2 Stunden. **Was muss mit?** Kescher und Eimer, um Krebse und Wattwürmer in Ruhe zu beobachten. Wattwürmer sind übrigens ein prima Geschenk für Angler, die die Würmer als Köder benutzen. **Online oder offline?** Online.

Erlebe Wüsten-Feeling in der Boberger Niederung

Die Boberger Niederung ist ein Relikt aus der Eiszeit und die letzte Wanderdüne in Hamburg. Auf dem etwa 350 Hektar großen Areal bilden Geesthang, Moorgebiet, große Dünen und eine wundervolle Heidelandschaft ein unverwechselbares Naturerlebnis – und das alles nur 20 Minuten vom Zentrum entfernt. Wer Entspannung sucht, legt sich einfach in den Sand und lässt den Blick schweifen. Dabei kann man auch die Segelflugzeuge in der Luft beobachten, die am Segelflugplatz nördlich der Düne starten und landen. Über die be-

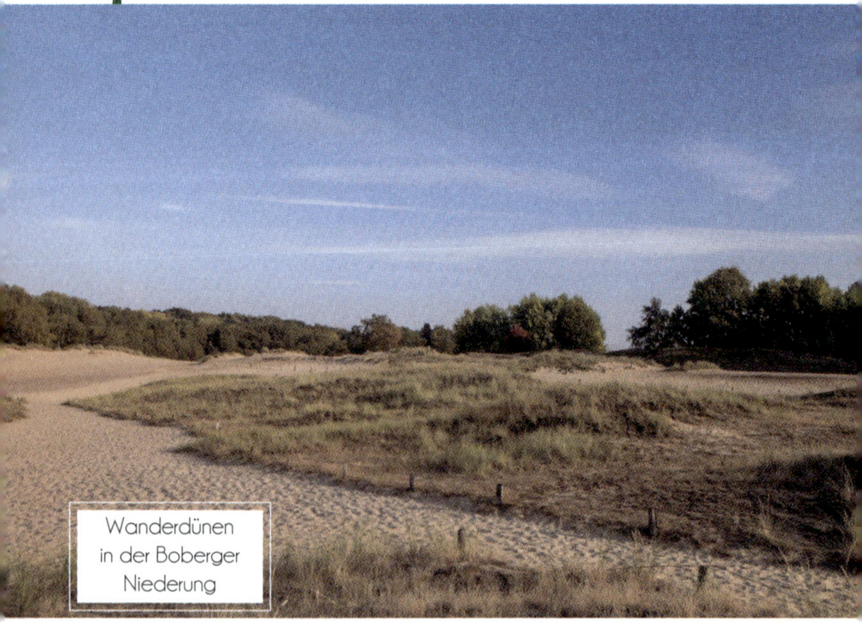

Wanderdünen
in der Boberger
Niederung

sondere Landschaft kann man sich außerdem im 2017 frisch renovierten Boberger Dünenhaus informieren. Die Boberger Niederung ist ein schöner Ort, um einen Tag lang nichts zu tun, sich zu langweilen und dann einfach mal zu schauen, worauf man selbst und die Kinder Lust bekommen.

Wie lange dauert's? Ohne Zeitlimit. **Wo geht's los?** Zum Beispiel am Dünenhaus. **Wie kommt man hin?** Mit der S21 bis Mittlerer Landweg, von dort mit dem Bus 221 bis Boberger Furtweg. **Was muss mit?** Eine Decke und ein Picknick. **Online oder offline?** Online, damit ihr euch nicht verlauft.

Koche mit deinen Kindern einen Tee aus frisch gepflückten Kräutern

Besondere Challenge

24

Frühling
Sommer

Einfach nur wandern ist für die meisten Kinder nichts. Doch gibt man ihnen auf dem Weg eine Aufgabe, sind sie kaum noch zu bremsen. Warum also nicht einmal am Wegrand alle Kräuter einsammeln, die man so findet? Brennnesseln zum Beispiel (mit einem Handschuh ernten!) oder aber Spitzwegerich, Giersch und Weißdorn. Alles essbar und in der Natur zu finden. Ergiebige Fundstellen gibt es zum Beispiel an den Rändern des Elbdeiches oder aber am Wegrand des Radweges nach Ahrensburg. Informiere dich zusammen mit deinen Kindern, welche Kräuter es in Hamburg und Umgebung gibt, und erstellt ein eigenes Kräuterkunde-Buch mit Bildern. Das nehmt ihr mit auf eure Tour. Bei deinem ersten Wildkräuterausflug kannst du aber auch auf die Fachkenntnis von Profis vertrauen und dich einer geführten Wanderung anschließen (zum Beispiel die Kräuterkiste). Zu Hause werden die gesammelten Kräuter in jedem Fall verwendet. Zu einem Tee aufgebrüht, als Salat zubereitet oder als Topping in einer Suppe.

Hagebutten am Wegrand

Wie lange dauert's? Ohne Zeitlimit. **Wo geht's los?** Zum Beispiel an den Wiesen am Wegrand des Radwegs an der Hamburger Straße bei Ahrensburg. **Wie kommt man hin?** Mit der Bahn bis Buchenkamp oder mit dem Fahrrad**. Was muss mit?** Handschuh, Schere und ein Korb für die Kräuter. **Online oder offline?** Online, falls man die Hilfe einer App zur Bestimmung von Kräutern braucht. **Übernachtung ja/nein?** Nein.

Wandere barfuß

Besondere Challenge

24

Winter Frühling
Herbst Sommer

Barfuß wandern ist nicht nur extrem gesund für deine Füße, sondern macht auch großen Spaß. Kannst du dich erinnern, wann deine Füße eigentlich das letzte Mal so richtig schwarz waren? Zum Beispiel, weil du in einer Sommernacht barfuß über den heißen Asphalt nach Hause gelaufen bist? Schmutzige Füße sind heutzutage ein Schrecken für Eltern. Es scheint fast, als würde die Sauberkeit der Füße ein Zivilisationsmerkmal sein, das einen zu einem besseren Menschen werden lässt. Schluss damit! Schuhe und Socken aus und los geht's. Ob durch den Wald oder durch die Pfützen eines warmen Sommerregens, über piksendes Gras oder Schotterwege ... Natürlich wird am Anfang alles zwicken und zwacken, aber je öfter die Schuhe im Rucksack landen, desto besser geht's auch ohne künstliche Sohle am Fuß über Stock und Stein. Besonders viel Spaß macht zum Beispiel das Barfußwandern über die Sand- und Wurzelwege in den Harburger Bergen rund um den Tempelberg. Und fast noch mehr Vergnügen bereitet das gemeinsame Waschritual hinterher, bei dem alle auf dem Rand der Badewanne sitzen und darum wetteifern, wer das Wasser mit seinen Füßen am besten schwarz einfärben machen kann.

Wie lange dauert's? Ohne Zeitlimit. **Wo geht's los?** Wo immer es geht. **Was muss mit?** Nichts Besonderes. **Online oder offline?** Offline. **Übernachtung ja/nein?** Nein.

Barfuß
wandern ist
sehr gesund

Geh mit einem Esel (oder einem Alpaka) wandern

Vielleicht hast du im Urlaub in Spanien, Frankreich oder auf Korsika schon mal Wandergruppen gesehen, die mit einem Esel unterwegs waren. In der Nähe von Hamburg hast du dazu auch die Gelegenheit. Anbieter wie die Eselei (www.klangohren.de) organisieren alles von der Schnuppertour bis zum Wochenendtrip mit Esel. Wichtig: Die mitwandernden Esel werden nicht wie früher als Lasttiere benutzt, sondern geben ein gemütliches Wandertempo und auch schon mal die eine oder andere Pause vor. Das ist nicht nur für die Kinder, sondern auch für die Eltern spannend, die auf Wanderungen gerne mal die Geduld verlieren, wenn Kinder bummeln. Einen bummelnden Esel kann man dagegen kaum mit Schimpfen überzeugen, sodass sich die Eltern vollkommen neue Strategien fürs Weiterkommen überlegen müssen. Aber auch die Kinder lernen, wie anstrengend eine Tour mit jemandem ist, der seinen ganz eigenen Kopf hat und wenig Rücksicht nimmt. Fürs Familien-Team-Building gibt's nichts Besseres als eine Eselwanderung. Neben den Wanderungen mit Eseln gibt es in Hamburg auch noch zahlreiche Anbieter, die Wanderungen mit Alpakas anbieten (zum Beispiel der Alpaka-Erlebnisbauernhof in Krukow).

Wie lange dauert's? Von 2 Stunden bis 2 Tage, je nach Wunsch. **Wo geht's los?** Je nach Anbieter. **Was muss mit?** Geduld. **Online oder offline?** Offline. **Übernachtung ja/nein?** Je nach Angebot.

Wandere durch das Stellmoor

Besonderer Ort

24

Winter Frühling Herbst Sommer

Für die Tour durch das Stellmoor kannst du deine Kinder mit Erzählungen über Steinzeitmenschen begeistern. Denn tatsächlich haben Funde von Tierknochen und Jagdwerkzeugen belegt, dass die Gegend schon vor 14 000 Jahren von Menschen besiedelt war. Landschaftlich ist das Moor sehr abwechslungsreich. Mal geht man entlang an Feuchtwiesen, Magerrasenflächen oder Bruchwäldern und mal natürlich auch an faszinierenden Moorgebieten mit Urwaldcharakter. Das Gebiet

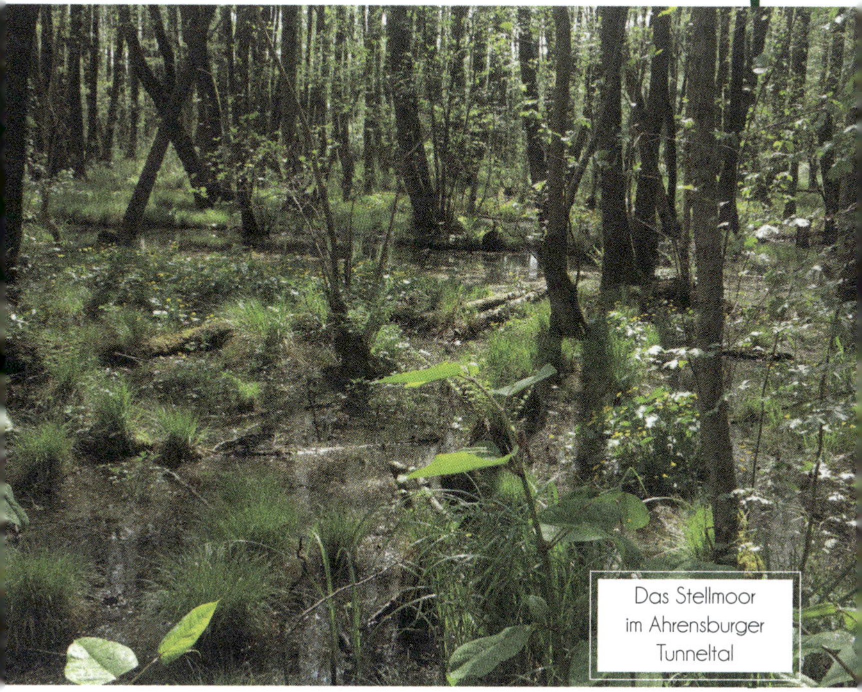

Das Stellmoor im Ahrensburger Tunneltal

profitiert dabei von seinem langjährigen Status als militärisches Sperrgebiet und hat sich eine Ursprünglichkeit bewahrt, die man so nicht überall findet.

Wie lange dauert's? Ohne Zeitlimit. **Wo geht's los?** An der U-Bahn-Station Buchenkamp. **Wie kommt man hin?** Mit der Bahn oder mit dem Fahrrad. **Online oder offline?** Offline. Haltet statt nach dem Weg lieber nach Pflanzen und Tieren Ausschau.

Entkussle die Lüneburger Heide

Besonderer Moment

24

Herbst

Einmal im Jahr gibt es die Möglichkeit in der Lüneburger Heide, nicht nur auf den ausgewiesenen Wegen zu wandern, sondern die einzigartige Naturlandschaft aus nächster Nähe zu erleben. Am sogenannten Naturpark-Tag finden überall in der Heide verschiedene Pflegeaktionen statt, bei denen auch Kinder mithelfen können. Ziel der sogenannten Entkusselung ist das Beseitigen junger Gehölze. Normalerweise übernehmen Wildtiere diese Arbeit. Doch die gibt es nicht mehr in ausreichender Zahl. Ziel der Entkusselung ist es, offene Stellen der Heide für Blumen, Insekten oder Vögel, die am Boden brüten, zu erhalten. Ohne die Entkusselung würde sich die Heide mit der Zeit wieder in einen Wald verwandeln.

Wie lange dauert's? Je nach Aktion. **Wo geht's los?** In der gesamten Lüneburger Heide (Info und Termine siehe www.naturpark-lueneburger-heide.de). **Wie kommt**

Einmal im Jahr kriegen die Ziegen Hilfe bei der Pflege der Lüneburger Heide

man hin? Mit der Bahn ab Hamburg Hauptbahnhof in circa 1 Stunde. **Was muss mit?** Gummistiefel, Handschuhe, Baumschere. **Online oder offline?** Offline. Die Aktionen sind begleitet. **Übernachtung ja/nein?** Nein.

Verbringe einen Tag mit den Schafen auf dem Elbdeich

Bei diesem Mikroabenteuer musst du nichts weiter tun, als mit dem Fahrrad zu einer der Schafherden auf dem Elbdeich zu fahren und dir einen schönen Platz auszu-

Besonderer Moment

24

Sommer

Einen Tag lang Schafe gucken

suchen, an dem du eine Decke ausbreiten kannst. Den Rest erledigen die Schafe. Nimm dir die Zeit, mit deinen Kindern dem Treiben der Tiere wirklich aufmerksam zu folgen. Wer ist der Chef der Herde? Gibt es ein lustiges Schaf? Wer spielt mit wem? Und wer kann wen nicht leiden? Es ist wirklich erstaunlich, wie unterhaltsam eine Schafherde sein kann, wenn man sich voll und ganz auf die Tiere einlässt … Schafe findest du zum Beispiel auf dem Elbdeich bei Finkenwerder oder Kirchwerder oder weiter die Elbe entlang in Richtung Norden.

Wie lange dauert's? Ohne Zeitlimit. **Wo geht's los?** Vor deiner Haustür. **Wie kommt man hin?** Am besten mit dem HVV und dem Fahrrad. **Was muss mit?** Picknickdecke und viel Zeit. **Online oder offline?** Offline! **Übernachtung ja/nein?** Nein.

Wandere auf dem Wandsewanderweg

Besonderer Ort

24

Winter Frühling
Herbst Sommer

Raus ins Grüne in »null« Minuten: Der Wandsewanderweg, der am Mühlenteich beginnt, wartet mit wilder Natur, gepflegten Parkanlagen, schönen Teichlandschaften und spannenden Feuchtgebieten auf – und das alles, obwohl man sich noch mitten in der Stadt befindet. Über 8 Kilometer geht es bis Rahlstedt. Du kannst den Weg aber zu jeder Zeit verlassen, falls deine Kinder zu müde werden. Von den Gegebenheiten (Länge und Schwierigkeit) her ist der Weg entlang der Wandse perfekt für eine Familienwanderung geeignet. Nach Rahlstedt beginnt dann auch schon das faszinierende Stellmoorer Tunneltal (siehe S. 177f.).

Wie lange dauert's? Circa 2 bis 3 Stunden reine Gehzeit. Es gibt aber überall schöne Stellen, an denen man gern eine lange Pause einlegt. **Wo geht's los?** Am Mühlenteich. Wie kommt man hin? Mit der S1/11/31 bis Friedrichsberg. **Was muss mit?** Nichts Besonderes. **Online oder offline?** Offline. **Übernachtung ja/nein?** Nein.

Besondere
Challenge

24

Frühling
Herbst Sommer

Unternimm eine
Mundraub-Tour
durch Hamburg

Das Prinzip hier ist ähnlich wie bei der Kräuterwanderung: Auch bei der Mundraub-Tour können Kinder lernen, dass Natur nicht einfach nur da ist, um schön auszusehen. Nein, sie hat einen großen Nutzen für uns. Zum Beispiel, indem sie uns mit frischen Lebensmitteln versorgt. Und ob man es nun glaubt oder nicht: Selbst im Hamburger Stadtraum befinden sich noch immer zahlreiche Obst- und Nussbäume sowie Beerensträucher, die frei zugänglich sind und abgeerntet werden können. Schau einfach auf der Karte von www.mund-

Obst für lau
in Hamburg
einsammeln

raub.org nach, ob es Standorte in deiner Nähe gibt, und ziehe mit deinen Kindern los, um alles einzusammeln, was ihr kriegen könnt. Selbst wenn das wilde Obst nicht mehr ganz so in Form ist wie das aus dem Supermarkt: Ordentlich geschält und geputzt wird zumindest eine leckere Marmelade daraus.

Wie lange dauert's? Ohne Zeitlimit. **Wo geht's los?** Vor deiner Haustür. **Wie kommt man hin?** Tourplanung unter www.mundraub.org. **Was muss mit?** Ein Korb. **Online oder offline?** Online. **Übernachtung ja/nein?** Nein.

192 Seiten
12,99 € (D)|13,40 € (A)
ISBN 978-3-7423-0863-4

Daniel Wiechmann

Outdoor-Mikroabenteuer München

Mit dem Rad, zu Fuß, auf dem Wasser, mit der Familie

In einem Wasserfall duschen. Einen Tag auf einer Insel in der Isar verbringen. Fjordfeeling am Königssee genießen. Nachts durch den Englischen Garten wandern. Im Steinernen Meer Raum und Zeit vergessen. Wer Abenteuer sucht, muss nicht nach Alaska oder Patagonien fahren, er muss nicht Tausende Euro in Ausrüstung investieren oder monatelang planen. Wer Abenteuer sucht, muss nur vom Sofa aufstehen, die Tür hinter sich schließen und loslegen. Ob zu Fuß, mit dem Rad, auf dem Wasser oder mit der Familie. Mikroabenteuer dauern maximal 48 Stunden und erfordern kaum Planung. In diesem Guide finden sich neben zahlreichen Tour-Vorschlägen in und um München auch Tipps zu Ausrüstung, Verpflegung und rechtliche Hinweise. So kann das Abenteuerleben sofort beginnen.

192 Seiten
12,99 € (D)|13,40 € (A)
ISBN 978-3-7423-0864-1

Daniel Wiechmann

Outdoor-Mikroabenteuer Berlin

Mit dem Rad, zu Fuß, auf dem Wasser, mit der Familie

Mit dem Fahrrad ans Meer fahren. Auf dem Mauerweg wandern. Waghalsige Sprünge in den Schlachtensee vollführen. Auf dem Teufelsberg Sternschnuppen gucken. Auf dem Geisterbahnhof Siemensstadt übernachten. Wer Abenteuer sucht, muss nicht nach Alaska oder Patagonien fahren, er muss nicht Tausende Euro in Ausrüstung investieren oder monatelang planen. Wer Abenteuer sucht, muss nur vom Sofa aufstehen, die Tür hinter sich schließen und loslegen. Ob zu Fuß, mit dem Rad, auf dem Wasser oder mit der Familie. Mikroabenteuer dauern maximal 48 Stunden und erfordern kaum Planung. In diesem Guide finden sich neben zahlreichen Tour-Vorschlägen in und um Berlin auch Tipps zu Ausrüstung, Verpflegung und rechtliche Hinweise. So kann das Abenteuerleben sofort beginnen.